自古英雄出少年

立志篇

青少年经典励志读本

江西人民出版社
Jiangxi People's Publishing House
全国百佳出版社

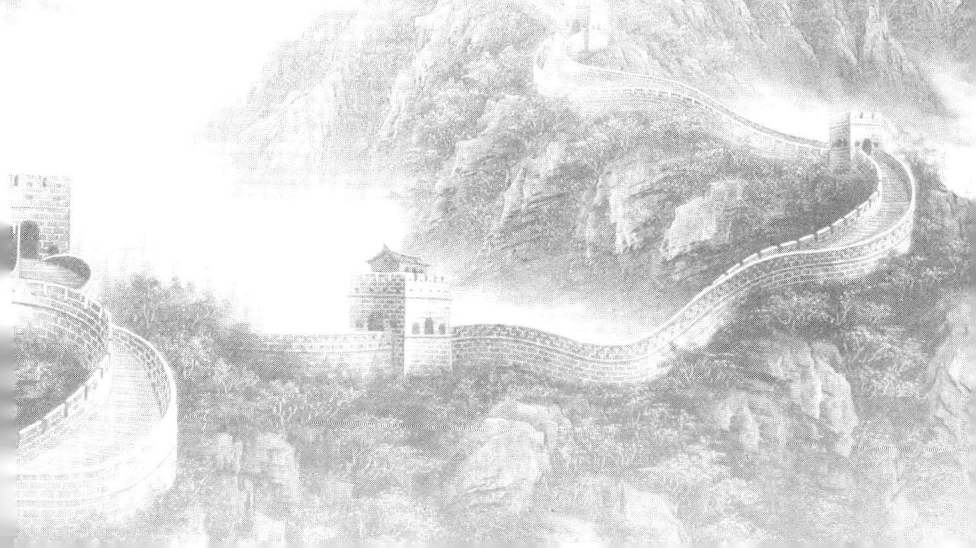

图书在版编目（CIP）数据

自古英雄出少年.立志篇/刘行光编著.--南昌：江西人民出版社，2017.2（2017.6重印）

ISBN 978-7-210-08926-1

Ⅰ.①自… Ⅱ.①刘… Ⅲ.①人物-生平事迹-世界-青少年读物 Ⅳ.① K811-49

中国版本图书馆CIP数据核字（2017）第018574号

自古英雄出少年·立志篇
作　者：刘行光
丛书策划：游道勤　张志刚
责任编辑/组稿编辑：张志刚
装帧设计：游　珑
插图绘制：李兴旺
出　　版：江西人民出版社
发　　行：各地新华书店
地　　址：江西省南昌市三经路47号附1号（邮编：330006）
编辑部电话：0791-86898873
发行部电话：0791-86898893
网　　址：www.jxpph.com
E-mail：zzg88@163.com　web@jxpph.com
2017年3月第1版　2017年6月第2次印刷
开　本：880毫米×1230毫米　1/32
印　张：7.375　　印　数：5001—10000
字　数：165千
ISBN 978-7-210-08926-1
赣版权登字—01—2017—10
定　价：20.00元
承印厂：江西千叶彩印有限公司
版权所有　侵权必究
赣人版图书凡属印刷、装订错误，请随时向承印厂调换

前　言

在人类历史的漫漫长河中，无数的志士仁人、英雄人物，或以其高尚的精神情操，或以其赫赫的文治武功，在史书上留下了斑斓的色彩、耀眼的光辉。当我们阅读历代英雄人物的传记，分析他们成长的历程时，我们会发现，拥有像积极努力、坚忍顽强、好学上进、志向远大等良好性格的他们，在少年时就留下了许多千古佳话、传世名篇，正如诗中所说："自古英雄出少年。"

在人生的路途上，每个人都有自己的青少年时代，在这段最重要的历程中，每个人都怀揣着对未来的美好憧憬，对人生理想的追求和向往。"劝君莫惜金缕衣，劝君惜取少年时！"唐诗《金缕衣》中的名句，千百年来时时回响在人们的耳畔，提醒着青少年朋友，莫要辜负了人生中的黄金岁月！也提醒着他们的父母，应该千方百计地让子女的青少年时代过得充实、有意义，从而为将来的成长发展打下坚实的基础。

培根曾经说过，"用名人、伟人的事迹激励孩子，远胜于一切教育"。人的青少年时期思维是具象的，他们爱英雄、好模仿，所以具体的榜样、实际的行动和生动的事迹，最能吸引他们、感染他们。为了帮助青少年从成功者身上挖掘优良的品质，学习成功的方法，我们组织编写了这套《自古英雄出少年》。套书共三册，分别为"华章篇""立志篇"和"求学篇"，以期从不同的方向给青少年朋友们立体的激励。相信套书对当代青少年莫负韶光的催促、良好习惯的养成、远大志向的树立,均将起到积极的作用。

《自古英雄出少年》的编写有三个亮点:一是经典,内容取材大部分为家喻户晓的经典励志故事,例如偷光、囊萤、映雪、断织等,无不脍炙人口,广为传诵;二是广博,套书广搜博采了古今中外100多位名人、伟人少年时积极向上正能量的故事,这些少年英雄的生平和经历千差万别,但有一个共同点,那就是他们都是在长辈的教导、环境的熏陶、时代的召唤下,自小选定了正确的人生道路,迈出坚实的步伐,走向积极不凡的人生;三是楷模,套书所选题材皆为主人公成年前(19岁之前,过龄不取)所留下的传世故事、不朽篇章,相同的年龄易使孩子们觉得榜样并非遥不可及,而是可亲可近可学。可以预见,因为经典性与创新性,这套书所叙述的人物故事必将在将来被许多人引用来激励同年龄段的孩子,因为他们是少年一代的光荣,也是广大青少年学习的榜样。

《自古英雄出少年》篇目题材的选取都于史有据,一般都是史书所载,有的也融入了众口流传的故事。优美流畅、记叙生动是套书的写作特色。阅读本书,不仅能获得精神激励,更能丰富文史知识、学习写作技巧、受到优秀传统文化的熏陶,从而启发智慧、开拓思路、陶冶情操。

最后,愿这套《自古英雄出少年》成为青少年朋友们成长路上的良师益友,愿她如夏日的清风,似冬日的暖阳,挫折时给你鼓励,成功时为你喝彩!

目录

- 01 马克思：要"为人类谋幸福"
- 06 周恩来：为中华之崛起而读书
- 13 任弼时：为中华新生而学习
- 19 李大钊：少年立大志
- 24 贺龙："我愿意当刀客！"
- 29 刘伯承：反抗旧社会的革命火种
- 36 陈胜：贫贱不坠鸿鹄之志
- 41 项羽：彼可取而代也
- 46 韩信：胸怀大志忍羞辱
- 52 班超：投笔从戎立壮志
- 57 宗悫：愿乘长风破万里浪
- 62 张仲景：为了济世活人学医
- 67 孙思邈：立志成"药王"
- 72 李时珍：立下悬壶济世志
- 78 徐霞客：立志游天下
- 83 桑弘羊：洛阳少年志在千里
- 88 张衡：立志博学
- 93 祖冲之：我要弄清天地的秘密
- 98 诸葛亮：志存高远

103	袁宏：有志气的苦孩子
109	宋慈：立下洗冤志
114	孟子：孟母断织助立志
119	霍去病：志在灭匈奴
124	周处：立志改过
129	李白：铁杵成针誓发奋
133	戚继光：牢记"忠孝廉节"
138	文天祥：志气不凡的年轻人
145	高怀德：救国纾难，人人有责
150	汤鹏：死也要用铁打出画来
154	玄烨：少年立志理天下
160	冯如：梦想在蓝天
165	盖叫天：我偏要叫"盖叫天"
171	林觉民：要为天下人谋永福
177	茅以升：立志造大桥
182	詹天佑：发愤学科学
188	林巧稚：立志学医
193	朱自清：品学兼优，立志从文
198	徐本禹：当代青年的选择
203	袁隆平：立志成为一个农业科学家
210	李云迪：要成为最好的钢琴大师
216	林肯：从小立志做伟人
221	狄德罗：我要学到更大的本领
226	巴甫洛夫：立志造福人类

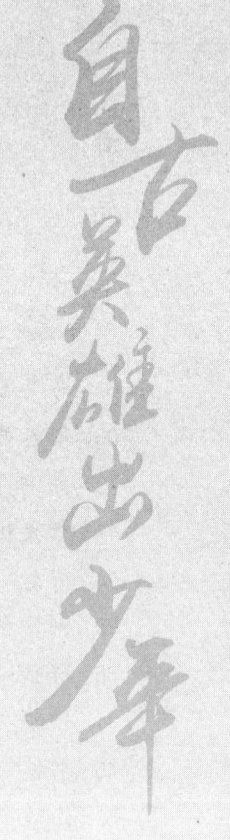

自古英雄出少年

马克思

【要"为人类谋幸福"】*

立志时龄：17岁

卡尔·马克思是马克思主义的创始人之一，国际共产主义运动的先驱，被称为全世界无产阶级和劳动人民的伟大导师。

卡尔·马克思的祖父和父亲都是受人尊敬的律师，母亲是典型的贤妻良母。卡尔生长在这个幸福家庭中，备受宠爱。

1822年夏天，卡尔·马克思4岁了。当时，马克思家的邻居家有一位姑娘名叫燕妮，当时8岁，她十分喜欢同卡尔·马克思一起玩耍。因为，卡尔·马克思虽然小她4岁，却处处表现出聪明过人。

有一次，卡尔·马克思和燕妮在花园里玩捉迷藏的游戏。由燕妮先藏，小卡尔用手捂住眼睛。燕妮藏好后喊："藏好了！你找我吧！"

聪明的小男孩边走边说:"你离我太远了,我怎么追得上你呀?""我离你一点也不远呀!"小姑娘回答。

小男孩根据声音做出判断,飞快地向一堆开满鲜花的灌木丛跑去,从树丛中把比他大4岁的燕妮拉了出来。

8岁的燕妮抱着这位满头黑色卷发的小男孩,把他引到自己家里。小卡尔喜欢待在这儿,因为燕妮有很多玩具:洋娃娃、小人书、积木和活动人。小卡尔特别爱看小人书,常叫燕妮给他讲解书里的故事。在听故事时,卡尔·马克思总是不断地提问题,有时,连燕妮也回答不出时,燕妮就去问她的爸爸、妈妈。她的爸爸、妈妈也很喜欢这个邻居家的活泼而又聪明的小男孩,总是耐心地回答他的各种提问。

1828年,卡尔·马克思10岁了。5月5日父母为儿子举办的生日宴会上,父亲的一席话给卡尔·马克思留下了终生难忘的记忆。

这天傍晚,母亲早早做好了晚饭,还准备了生日蛋糕,卡尔·马克思的好朋友燕妮和其他小朋友各自带着礼物向卡尔祝贺生日,房间里充满了欢乐的笑声。

从小养成的爱提问题的习惯,使卡尔既惹人欢喜又令人"心烦",因为他的问题总是没完没了,甚至会把解答问题的人给问得理屈词穷。生日晚会上,小朋友们喊着:"卡尔,快吹蜡烛吧!"这时,卡尔·马克思望着10支点燃的蜡烛,又产生了一连串的疑问。他一口气吹灭了10支蜡烛的火焰,在小朋友和全家人的欢呼声后,卡尔突然提出了一个问题:"喂!请安静点,你们谁能告诉我,生日晚会为什么要吹熄点燃的蜡烛？"

因为这个问题提得太突然，一时，小朋友都回答不出来。于是，卡尔·马克思转身用目光向爸爸求教。

爸爸微笑着环顾各位小朋友，既像回答又不像回答地说道："关键不在于能够提出问题，而在于能够自己通过思考解决问题！"他若有所思地拍着小卡尔长满卷发的头说："儿子，你已经10岁了，你要通过自己的思考去回答各种问题，这样你就会受到很多启发！"

1830年，卡尔·马克思12岁了，他考进了特里尔中学。这是他生活中的一个转折，他开始接受系统的科学知识，开始接触社会并思考人生道路。

中学时代的马克思，聪明活泼，求知欲很强。他以顽强的毅力刻苦学习各种文化科学知识，表现出可贵的独立思考能力。

语文是学习一切知识的基础。小卡尔就读的特利尔中学除讲授德语外，还开设拉丁语、希腊语和法语。马克思的语文学习多次受到老师表扬。8年级的时候，他的作文被老师挑出来作为示范，并获得了一张奖状。中学时代，马克思广泛阅读了歌德的诗歌、席勒的剧本。他自己也学着写诗，特别是喜欢写讽刺诗。班上的同学们既喜欢他，又有点怕他，因为他善于用诗来讽刺人。

在法语方面，到中学最后一年时，马克思不仅能阅读和翻译较难的法文原著，而且口语也相当熟练。后来，马克思到巴黎能毫不费力地参加法国工人运动，研究法国历史文献，这个法语基础就是在中学里打下的。

特利尔中学校长威登巴赫是一位博学的历史学家和考古学

家，尤其对特利尔市的历史变迁和文物古迹有很深的研究。他亲自任课，讲授古罗马史、中世纪史和近代史，对马克思的影响很大，使马克思对历史具有浓厚的兴趣。

马克思勤奋好学、刻苦攻读，同时又是一个生龙活虎、朝气蓬勃的少年。他常常与同学们比赛爬山、做军事游戏、练习击剑。这个长着一头黑色卷发的小伙子皮肤黝黑，宽肩厚胸，强壮有力，他的父亲常常笑着说他的儿子像一只"黑色的小狮子"。

五年的时光悄悄地流逝，中学时代很快就要结束了。在马克思和他的同学们面前都提出了一个共同的问题：毕业后干什么？这真是一个既迫切又重大的问题。

中学毕业考试的日子终于来临了。1835年秋天的一个上午，天高云淡，几十名青年学生端坐在特里尔中学的一间教室里。今天，他们要考试作文了。不一会儿，走进一位白发苍苍的德语老师。师生彼此问了好，老师便拿起粉笔，在黑板上用德文端端正正地写了"青年在选择职业时的考虑"几个大字，作为毕业考试的作文题目。教室里顿时骚动起来，你一言我一语，每人的声音虽不大，但几十人加在一起，只听得嗡嗡的一片嘈杂声，听不清大家说什么。不过，从学生的神情上也能猜出几分：嫌老师出的作文题目太不好做了，难道他不知道同学们近来正为这个问题犯愁吗？

愁是愁，这作文还得写；题目也不能改，因为这是毕业考试呀。

学生们见老师根本没有改题的意思，再说，谁又能保证改出的题一定就比这个容易呢？所以也就慢慢地静了下来，开始写了。有的拿着笔，眼睛盯着白纸，可就不见手动；有的咬着笔头，光瞪着眼往窗外瞧；有的左手托着腮帮子，右手老搔头发：他们都在苦思苦想呢。可是时间一分钟一分钟地过去，真急人呐。这时，有一个学生，坐在前排靠墙，却挥笔如飞，洋洋洒洒，已经写了一大张。这学生是谁呢？就是年仅17岁的卡尔·马克思。

马克思对选择职业是怎样考虑的呢？ 17岁的他不是像他的许多同学那样想当牧师、军官或政府官吏，而是非比寻常地在毕业论文中指出要"选择最能为人类福利而劳动的职业"。"如果一个人只为自己劳动，他也许能够成为著名的学者、大哲人、卓越诗人，然而他永远不能成为完美无瑕的伟大人物。"

马克思在论文中还阐明了他的幸福观，他说："在选择职业时，我们应该遵循的主要指针是人类的幸福和我们自身的完美。不应认为，这两种利益是敌对的，互相冲突的，一种利益必须消灭另一种的；人类的天性本来就是这样的：人们只有为同时代人的完美、为他们的幸福而工作，才能使自己也达到完美。""如果我们选择了最能为人类福利而劳动的职业，那么，重担就不能把我们压倒，因为这是为大家而献身；那时我们所感到的就不是可怜的、有限的、自私的乐趣，我们的幸福将属于千百万人，我们的事业将默默地、但是永恒发挥作用地存在下去，面对我们的骨灰，高尚的人们将洒下热泪。"

十七岁的马克思不但是这样想的和说的，而且终生按着这一崇高的思想去做，虽然历尽千辛万苦，也从不退缩。

---

* 本故事取材于《马克思的故事》，梁雪影著，辽宁人民出版社2010年4月版，第1—13页。

周恩来

【为中华之崛起而读书】*

立志时龄：12岁

周恩来是中国人民敬爱的总理，不仅在我国人民心中有着崇高的地位，在国际上也享有很高的威望。这不仅因为周恩来作为中华人民共和国第一任总理所做出的杰出贡献，更是因为他高尚的人格魅力和品德修养。周恩来的一生都奉献给了新中国的解放和发展事业，为国为民鞠躬尽瘁是周恩来总理一生的真实写照。

周恩来在学生时代就表现出了与其他学生不一样的志向。周恩来幼年时期的中国，内有军阀连年混战，外有西方列强欺压，人民生活在水深火热之中。这一切让还是个少年的周恩来有了强烈的民族危机感，他暗自下定决心，立志要为民族的独立和人民的解放贡献出自己的一份力量。

12岁时,恩来的伯父周贻庚乘火车把恩来接到了当时号称"陪都"的奉天(今辽宁省沈阳市)。

一出火车站,恩来拉着伯父的手,随着滚滚的人流,要到最热闹的街道上去。伯父拽住恩来,指着东到陆军医院,南至公园花墙,北抵七马路那一片繁华的地面,叮嘱说:"没有大事情,千万不要到这块地方来游逛!"

"那为什么呀?"恩来不解地问。

"这里是外国人的租界地。碰见麻烦事,没有地方去说理!"

"那又是为什么呢?"恩来总爱打破砂锅问到底。

"一句话,是中华不振啊……"伯父看看摩肩接踵的人流,没再往下说,牢牢地拉着恩来,急步绕开租界地,直向自己那处清苦的独身寓所走去。

第二天,恩来就进了奉天东关模范学校,插入高等丁班(后改为第六班)学习。

学校设在秀丽的万泉河河沿上。在平展展的大操场后面,耸立着两栋青砖绿柱的双层楼房。楼房里的讲堂宽敞明亮,酱紫色的桌椅摆得整整齐齐,一进屋,就给人一种心旷神怡的感觉。楼房外面,是编花栏杆围成的走廊。站在二楼的走廊上,可以鸟瞰楼堂林立的城市一角。两栋楼房的中间,连接着一间大礼堂,全校性的集会,成绩展览,就在这里进行。此外,还有书刊满柜的图书室,仪器繁多的实验室……这里所有的一切,都吸引着恩来。

在这所新的学校里,恩来很快地结交了许多亲密的小伙伴。他们经常坐在一起,谈论家乡的见闻,奉天城里的轶事。一提到奉天城,恩来又想起了伯父在车站上关于租界地的谈话,便询问跟他十分要好的同学何履祯:"你去过租界地吗?"

"去过好多回啦。"何履祯说。

"能带我去一趟吗?"

"为什么不能,礼拜天去吧!"

为了看出个所以然,礼拜天这天,恩来背着伯父,跟随何履祯闯进了租界地和外国人的十里洋行区。那高耸的洋楼,琳琅满目的外国商品,五颜六色的招牌、海报,使初到奉天的人,真有点眼花缭乱,应接不暇哩!

快到租界地的街道两旁,摆满了富有中国传统特点的游艺、杂耍等地摊。走江湖卖膏药的,挥舞着长枪、短刀,开着场子。用扁担支架成的小舞台上,跳着活灵活现的小木偶——孙悟空正在大闹天宫。一架简陋的白布棚下面,手握梅花片的说书老人,站在弹三弦的盲艺人旁边,长腔短调地说唱着《封神演义》。道旁的平地上,一个卖唱的小姑娘,正跟拉胡琴的老头,举着小笸箩,向听众收钱。每一处地摊,都能吸引你站上半天,恩来跟何履祯慢慢浏览着。

突然,在一阵刺耳的喇叭叫声中,飞驶过来一辆小汽车,吓得马车惊奔,人群四散。那个卖唱的小姑娘好不容易收到的几枚铜钱,全被撞撒在地上了。老头顾不得车轮马蹄,人群拥挤,慌忙趴在地上去拾铜钱,小姑娘吓得坐在地上哭喊着求救……

"快,扶起那个小姑娘!"恩来冲过去,扶起小姑娘,正想帮她拾拣丢在地上的铜板,何履祯拉拉恩来,说:"这样气人的事有的是,咱帮不过来呀,走吧!"

恩来愤怒地望着跑得老远的洋人小汽车，对何履祯说："这哪里像是在自己的地盘上！太拿中国人不当一回事啦！"

"这是常事，在租界地里比这气人的事还有哩，快走！"何履祯拉着恩来，进了租界地。

租界地的景象，跟别处的街道不太一样。楼房高大，模样奇特。路上的行人，比别处稀少，映入眼帘的全是什么"宪兵队""巡警局"，以及插着五花八门、奇形怪状外国旗的领事馆，还有立着十字架的教堂。

一阵阵尖声怪气的狂笑声，从挂有外国招牌的楼上餐厅里传出来。随着笑声，一团团脏东西从窗口飞出，要不是何履祯眼尖腿快，准得砸在脑袋上。

"太无法无天啦！"恩来站在楼下，朝窗口狠狠地瞪了一眼。

何履祯拉了恩来一把，说："你看那边！"

恩来顺何履祯的指处望去，只见中国巡警局门前，吵吵嚷嚷地围着一群人。他俩好奇地跑了过去。

人群里，一个衣服褴褛的中年妇女，指着两个趾高气扬的洋人，向腰挎警刀的中国巡捕哭叫着。原来，这个妇女的男人被洋人的汽车撞死了，而中国的巡捕，不但不扣留洋人，却倒打一耙，说死者妨碍了交通，训斥这个妇女无理取闹。可恶的洋人望着哭得死去活来的妇女，用手帕捂着鼻子，冷笑着向巡捕提出抗议，要求赔偿他的人格损失。那巡捕点头哈腰，一再赔礼道歉，洋人这才大摇大摆地走了。

这情景，激怒了四周的中国人，不少人愤怒地质问巡捕："为什么不惩办胡作非为的外国凶手？"

巡捕瞪着布满红丝的眼睛,理直气壮地说:"这叫治外法权!条约上有明文规定!懂吗?"说完,推开人群,钻进了巡警局的大铁门。

几个青年人实在气愤难平,拥上去用力推巡警局的大门。恩来拽着何履祯,也紧跟上去。可是,大铁门已经关得死死的,任凭叫啊,敲啊,就是没人理。

这时,一位身穿半旧长衫的读书人,走上来说:"天字下边填个口,先吞下这口气吧!别说找局长,就是找到'将军公署''总督府',也是中国人没理。要想有公理,出口气,还得靠自己啊!"

读书人走到那位中年妇女跟前,劝她离开这是非不明的官署,去找"抚恤局"要求救济。那中年妇女,挣扎着站起身伤心地走了。

恩来觉得这位读书人很有见识,抢上两步,向读书人问道:"您说,找到哪儿也是中国人没理,这是为什么呢?"

读书人打量了一下眼前这个眉清目秀的少年,用手指指天空,小声说:"给你打个比方吧,好比是房檐上的冰溜子,老根在上头哩!懂不懂啊?"

恩来点点头,又问:"您说,出气要靠自己,该怎么个'靠'法呢?"

读书人眨了眨眼睛,向四处望了望,发现洋枪队朝这儿跑来。人群"忽"地惊散了。等洋枪队过去之后,那位读书人也不见了。

恩来怅惘地站着,何履祯劝他说:"快回去吧!时间长了,会出事的！"

恩来只好怏（yàng）怏不乐地离开了租界地。

一路上，恩来一句话也没说，他想着方才发生的情景，越想越感到伯父说得对，的的确确是"中华不振"啊！

从租界地回来后的几天里，一下课，恩来就独自一个人来到二楼的走廊上，手扶栏杆，眯着深邃（suì）的眼睛，望着租界地方向，默默地站着……

一阵萧瑟的秋风，刮起片片干枯的树叶，在半空狂飞乱舞。一团团翻卷的乌云，遮住了蔚蓝的天空。恩来从那瞬息万变、千姿百态的云影中，仿佛看见了街道上受苦的老人和小姑娘，看到了租界地里受屈的中年妇女……一瞬间，又像是看到了母亲讲的关天培、梁红玉，三伯父讲的孙中山……

随着思绪的波动，恩来那双乌亮的大眼睛，一会儿忧郁，一会儿又迷惑，最后闪出一股坚毅的光辉，小拳头重重地捶在了栏杆上。

恩来的沉默，引起了同学们的诧异，大家不禁暗暗地发问："周恩来怎么了？"这个疑问，在一次修身课上，终于揭晓了。

修身课上，兼课的魏校长讲到"立命"这一节时，向全班同学提问说："你们到学校读书，到底是为了什么呢？我想听听你们的回答。"

一个男孩子回答："是父亲叫我来读书的。他说的话我不敢不听。"说完引起大家一阵笑声。

另一个男孩子回答："我到学校读书，是为了学点本事，长大以后就不用种地了。"

又有一个男生站起来,他用洪亮的声音说:"爸爸讲念好书才能升官发财,给祖宗争光。"

魏校长狠狠瞪了他一眼,可他一点也不在乎,因为他的爸爸比校长的官大。

魏校长扫视了教室,又问:"周恩来,你又是为了什么来读书的呢?"

周恩来不慌不忙地站起来,胸有成竹地说:"我读书是为了中华之崛起。"

由于周恩来说的是南方方言,魏校长一时没听明白,要他再重复一遍。

周恩来再次大声地说:"我读书是为了中华之崛起。"

"好!好啊!为中华之崛起!为中华之崛起!"魏校长激动地重复了几句,对同学们大声说,"诸生啊,听见了吗?有志者,当效周生啊!"他带头鼓起掌来,全班同学也都鼓掌,掌声一直持续了好一会儿,先前发言的同学都羞愧地低下了头。

之后的学习生涯里,无论是在天津南开中学,还是留学日本,或是法国和德国的勤工俭学,周恩来都秉承着"为中华之崛起而读书"的信念,直至后来踏上艰苦的革命道路,他仍把为民族解放、为中华崛起作为自己奉献终生的事业,带领几万万志同道合的无产革命者,为推翻旧制度,建立新中国做出了自己卓越的贡献。

---

* 本故事取材于《为了中华之崛起——周恩来青年时期的生活与斗争》,王永祥、刘品青著,天津人民出版社1980年版。

任弼时

【为中华新生而学习】*

立志时龄:16岁

任弼(bì)时是中国共产党和中国人民解放军的卓越领导人,以毛泽东同志为核心的中国共产党第一代领导集体的重要成员。

1904年4月30日,任弼时出生在湖南省湘阴县隐珠山下的唐家桥。他的祖父曾在清朝做过官,到父亲时,家境衰败,父亲考秀才未中,便以教私塾养家糊口。

任弼时排行第二,小时候父亲叫他二南。二南生性温和诚实,从小热爱学习。任弼时四岁的时候,就在父亲的指导下开始练习写毛笔字,因人小,坐在椅子上,够不着书桌,他就把小板凳放到大椅子上,爬上去再写。有一次,他从小板凳上面摔下来,手臂擦出了血,但他一声不吭,又重新爬上去,坚持写完一页纸的字。

父亲对他慈爱又严厉。待任弼时练写毛笔字有了一定的基础后,父亲就要他悬臂练习柳公权[①]的字帖,抄写诸葛亮的《前出师表》、韩愈的《原道》等文章。任弼时小小年纪就以顽强的毅力练习着,常常得到邻居的啧啧称赞。

在任弼时写字的桌上,还摆着几本用粗糙的黄色毛边纸订成的图画本。任弼时自幼喜爱画画,他用毛笔在本上画满了梅花、葫芦、蚱蜢……这些画形象逼真,清新可爱,充分透出他的天真和对生活的热爱。

每当写完字,画完画,他就缠着父亲要听故事。平时严厉而沉默寡言的父亲,一讲起故事来就显得活跃了。父亲抽着水烟袋,绘声绘色地给任弼时讲宋朝的岳飞、明朝的李自成,讲四大发明、万里长城,从三皇五帝一直讲到当今世界。

听着,听着,任弼时突然冒出一个问题:"爸爸,现在的中国还有唐朝时那样强盛吗?"

"现在,现在……"父亲收起了笑容,吃力地干咳几声,不作声了。

任弼时不解地眨眨眼,心中存下了疑团。

1911年,任弼时七岁了,父亲把他送到作民初等小学校读书,两年后又转到序贤初等小学校,这些学校都是新式学校,他在这里才慢慢解开了心中的疑团。

---

① 柳公权:唐代大书法家,他的楷体字以骨力劲健见长。后世常将他与颜真卿并列,有"颜筋柳骨"的美誉。

老师在课堂上经常谴责帝国主义列强侵略中国的行径；清朝封建专制政府是怎样的腐败；我们国家的许多主权又是怎样丧失的等等。任弼时每次听完这类课，心里总是久久不能平静。九岁时，他做了一篇《自立》的作文，文中说："世界之人，皆以自立为要。吾国四万万同胞，欲保国家，非自立不可。"他从小就立下了为中华新生、独立、富强而学习的志向。

在学校里，任弼时学习勤奋，读书兴趣非常广泛。他的记忆力很好，多难背的课文，只读几遍，就能顺口背出来。他的作文写得尤其好，有内容，有思想，常常得到老师的赞赏。

他在《爱国说》这篇作文中指出，要提高全国人民的爱国心，只有这样才能齐心抵抗外来侵略；在《国货宜维持》的作文中提倡买国货，不买外国货，以抵制帝国主义对我国的经济侵略；在《民生在勤》这篇作文里，他则大力赞扬勤劳、助人的做人美德，并以此作为自己的行为准则。

任弼时痛恨社会上贫富不平等的现象，他喜欢穷苦人，厌恶那些欺压老百姓的有钱有势的人。他在小学里还写过两篇寓言故事体的作文，他在作文中称颂了一头勤劳、勇敢和不畏强暴的大牡牛。讲它不仅为穷苦人卖力耕作，而且奋不顾身地保护穷苦人。什么山林中的恶虎，什么社会上的富豪恶霸，它都不怕，都敢于和他们斗，把他们一个个都抵死，为穷苦人报了仇解了冤。任弼时充满激情地描写这头大牡牛，表达了自己要做天下穷苦老百姓的一头牛的崇高志向。

正因为任弼时小小的年纪，就有崇高的志向，所以他学习非常自觉主动，在小学堂里各门功课都名列前茅，常常被同学们羡慕的目光所包围，虽然他个子矮小，但他仍然是家乡小伙伴中的领袖人物。

1920年，赴法勤工俭学的热潮在全国掀起之后，任弼时与毛泽东在长沙领导的革命组织——俄罗斯研究会取得了联系，从研究会中了解到十月革命后俄国的一些情况，心中暗暗激起了对无产阶级革命圣地的向往，任弼时决定去俄国勤工俭学。

任弼时到俄国后，进入了斯大林东方共产主义劳动大学学习，集中学习马克思主义，学习十月革命经验。他学习非常认真刻苦，出了教室，就走进图书馆。为了尽快精通俄文，他有意识地多和俄国同学接触、交谈，随时纠正自己在语法、语言方面的毛病。

学校放暑假，他和几个同学来到乌克兰农村，到农民家里访问做客。在乌克兰绿色的原野上，他迎着柔和温暖的风，拿着镰刀，和乌克兰农民一起割草。他一边劳动，一边向农民们学习方言土语。同时，还了解俄国的过去和农民的生活。

一个假期过去后，当他带着乌克兰原野的泥土味回到莫斯科时，俄语会话和阅读能力有了惊人的提高，他能直接听俄国老师讲课，并能阅读翻译俄文书刊了。

同学们问他："你的俄文怎么学得那么好？"

他笑了笑回答："其实也不难，我的经验是看不懂再看，说错了再说，看看说说，就会成功。"

东方大学的正式课程主要是马列主义理论，有哲学、政治经济学、社会发展史、西方革命史、中国革命史等等。由于任弼时的俄文学得好，他能直接读一些马克思主义的著作，并且

可以不通过翻译直接听懂俄国老师的讲课。上课时，一般由一个翻译站在讲台边将老师的话翻译成中文，以帮助同学们听讲。可有时，翻译对马克思主义理论不十分熟悉，翻译到一些术语时也遇到困难。每逢这种情况，同学们都很着急，而任弼时却很轻松，他能直接从老师的话里捕捉要点，直接用俄文记下来。

于是，每天课后，同学们都到任弼时的宿舍里来找他，要求说："你给我们补习一下功课吧！"

"没问题。"任弼时从来都是爽快答应，热情帮助，一点也不怕麻烦。他这种乐于助人的精神备受大家推崇，在同学中间任弼时的威信很高。

任弼时认真学习马克思主义，政治觉悟迅速提高，1922年初，他光荣地加入了中国共产党。面对鲜红的党旗，他发出了誓为中国革命和世界革命奋斗终生的铿锵誓言。之后，他漫步在莫斯科红场上，心情久久不能平静。

任弼时在学习期间，人在俄国，心里想着祖国。革命胜利后俄国的发展情况，对他是一个很大的鼓舞。但他想到自己的祖国还处在帝国主义和封建军阀的统治下，人民还在水深火热的灾难中，深感自己肩负的责任重大。他常对同学们说，这里虽好，但不是我们的久留之地，我们战斗的地方是在祖国。

1924年秋天，任弼时结束了在俄国难忘的学习生活，回到了离别三年的祖国。

---

*　本故事取材于《伟大的战士任弼时》，高军著，中国青年出版社1980年12月版，第1—26页。

【少年立大志】*

立志时龄：19岁

李大钊是中国最早的马克思主义者，五四运动的主要领导人，中国共产党的创始人之一。

李大钊是河北乐（lào）亭人，生于1889年，自幼聪明好学，7岁时就入学读书了。

有一年，七月的一天晌午，大钊还没有回家。爷爷李如珍焦急地拄着拐棍来到大门口，不停地望着庄西头，发现孙子正站在老母庙后，在一伙赌博人旁边看热闹，气得他扭头进了屋。

不一会儿，大钊回来了，他自知有错，说："爷爷，爷爷，我下次不去了。你别生气啦！"

"你这个没出息的孩子！放了学不回家温书，倒来看赌钱！今天看，明天就要上场赌了吧！爷爷送你上学念书就是为了让你学着赌钱吗?再不好好管教管教你还了得!今天罚你掏三车粪,干不完别回家!"

孩子把书包递给爷爷,赶快向那一望无际的田野跑去了。

天黑了下来,星星开始在天边闪烁,爷爷在书房中,灯都没点,只是坐在那儿,听着大海的涛声。"嘎吱"一声,书房门开了,闪进来一个小小的身影,浑身散发着泥土肥料的气息。小身影向着爷爷这边移了几步,跪了下来:

"爷爷,粪掏完了,我错了,不该去看赌钱,您想怎么罚就怎么罚吧,只是您不要再生气了。"

"唉——"爷爷长叹一声,点起了灯,"大钊,爷爷看看你呆呆地站在赌摊边上,心里能不着急、不生气吗?虽然你爹不是爷爷的亲生儿子(大钊的父亲李任荣本是李如珍的侄子,因如珍老人无子,便过继给他为儿子——笔者),爷爷可是把你看成了命根子呀!

"记得你刚刚三岁的时候,爷爷就教你认字,白天爷爷教你认,到了晚上一问,你全都记得,那时候,爷爷心里别提有多高兴啦!你才四五岁,就已经开始读《千字文》《百家姓》《三字经》了。爷爷带你出去串门,你认人家家里的对联、字画,夏天傍晚带你去乘凉,你还跟着爷爷认村里的告示、碑文,谁不夸你好脑筋,爱学习!"

"爷爷让你跟着单老先生读书,不想,你没上几天学,倒对赌钱感起兴趣来了,孩子,人一赌上钱,就什么都完了,爷爷怎么能不着急呢?"

小大钊跪在地上,泪流满面:"爷爷,您打我吧,我对不起您!"

"唉,起来吧!以后绝对不能到那种地方去了!大钊,虽说咱家有几十亩地,吃穿不愁,可是,人光有吃有穿还不够,必须上进走正路才行,记住了吗?"

从此,大钊再也没有到老母庙后边去过。

在单先生的私塾里念了三年书,单先生就向他的老爷爷提出:"大钊的学业良好,我已经教不了他啦,还是另请高明的先生吧。"于是,他又到邻村跟一位叫黄玉堂的老先生读书。

在他十一岁那年,义和团运动爆发了,冀东各地也普遍建立了义和团、红灯照[①]。不久,八国联军侵入乐亭附近,占据了昌黎、滦州一带,烧杀抢劫,无所不为。这在刚刚成为少年的李大钊心中,留下了很深的记忆。

后来,他目睹了清政府的腐败无能和广大人民群众自发地反抗帝国主义的斗争。这些事实,在他的心灵里留下了不可磨灭的印象。救国救民的志向,在他的心田里一天天萌发。他常常向先生提出疑问:"为什么洋人可以在中国横行霸道?""为什么穷人没饭吃、没衣穿?"

先生在课堂上讲太平天国的历史,他听后就激动地说:"我长大了一定要学洪秀全,推翻清朝皇帝!"先生赶紧捂住他的嘴,不让再说下去。

1907年,李大钊考入天津北洋法政专门学校。他胸怀救国

---

① 义和团、红灯照:是清末在中国自发反击西方侵略者的民间组织。红灯照是义和团运动的女性组织之一。

救民的宏图大志，每天把时间和精力都用在学习方面。他博览群书，探索真理，寻求中国革命的道路。

第一次放年假的晚上，同学们都准备着东西，要回家了。有的同学买来了时髦的衣服，有的置办了精美的食品，也有的购买了精致的装饰品。小小的宿舍里，热热闹闹。可是，这时大钊仍旧坐在图书室里读着书。他明天虽然也回家乡，可是没有什么要准备的，他只有随身穿的几件衣服和在年假里要读的书，说走就可以走。

宿舍里，人们闹腾得疲乏了，都钻进了被窝里，外边只露出发式不同的一个个脑袋瓜儿。明天就要分离了，大家都有些依依不舍，所以躺下之后，仍然没有睡意，还是互相谈着话。

"咦，大钊怎么还没回来呀？"有的同学指着大钊的空床问。

"他一定又去图书室读书了！"

"也许到街上去买过年礼物去了！"

"也许去买书。书成了他的良师益友，没有书，他就好像活不成。"

大家互相猜测议论着。

正在这时候，大钊回到宿舍了。他手里拿着一本书，轻轻地走进来。同学们见他回来了，一个个抬起头来，问他："大钊，你干什么去了？这么晚才回来？"

"我在图书室读书——文天祥真是一个有民族气节的人哪！"大钊说着书中的内容，随口又念出了文天祥的两句流传千古的诗句："人生自古谁无死，留取丹心照汗青。"

大钊这一句话，引起了大家热烈的反响，都纷纷坐起来讨论。首先从对待生和死的态度谈起，一直谈到每个人的志向。

当时天津法政学校里的学生，思想是非常混乱的，大家在对待个人前途和人生目的的看法上很不一致。有的人要升官发财，光宗耀祖；有的人愿做一个名士，走遍天下，游山玩水，快乐一生；也有的人主张及时行乐，花天酒地，纸醉金迷；更有的人糊里糊涂，醉生梦死，得过且过，毫无个人打算。还有的呢，也主张干一番大事业，说什么"人过留名，雁过留声"，才不枉人生一世。同学们的议论，暴露了各人不同的人生观。

大钊静静地听着，这是他的习惯。但是对那些不正确的观点，他都给以批评和驳斥，说得大伙儿心悦诚服。

一个同学问他："大钊，那么你的志愿是什么呢？"

大钊平淡地笑了笑，非常严肃地说："我的志愿，就是要投入时代的洪流，改造我们的中华国土，不愧为黄帝的子孙。就我个人来说，我活着只希望做一个对老百姓有用的人。我死后，一不要棺材，二不要埋在地下，我就希望把我的尸体扔进大海里，喂肥鱼虾，供民食用，也使人民得到一点好处。这就是我最大的快乐！"

大家听了大钊这发自肺腑的话，你看看我，我看看你，陷入了沉思。他们中有的人，从李大钊的话里，得到了很大的启发，后来也走上了革命的道路。

---

* 本故事取材于《伟大的播种者——李大钊的故事》，张建国著，湖北人民出版社1980年1月版，第1—49页。

贺龙

【"我愿意当刀客!"】*

立志时龄:七八岁

贺龙是中国无产阶级革命家和军事家,中国人民解放军创建人和领导人之一,中华人民共和国元帅。

从湖南西北部的桑植县县城,往北走二十五里山路,就到了一个山冲——洪家关。1896年,贺龙就出生在这个村寨。

贺龙小时候叫文常,排行老四。除了父母以外,上有三个姐姐,下有两个妹妹、一个弟弟。全家九口人仅有不到两亩薄田,往往收获季节还没到,家里的米缸就空了。父亲不得不在农闲季节,到处东奔西走,替人家剪布量衣,做些裁缝活,挣点钱以养家糊口。

母亲也是一个勤劳善良的劳动妇女,全家九口人的缝、洗、浆、补都由她操劳,还要下田,干除草、施肥等许多田间农活。她每天天未亮就起床,深更半夜才上床休息,整天忙得团团转。

尽管夫妇俩不分昼夜地拼命干活,一家人的生活还是极为困难,常常是东借西赊,吃一顿、饿一顿。

那时候,洪家关这地方是个豪绅横行的村寨,苛捐杂税多如牛毛,财主逼债,土匪抢劫,常常是官兵刚去,土匪又来。当地的老百姓为了自卫,常常自发地操练武术。每当谷子收割以后,许多人就操拳习棍,想练几手过硬的功夫,以便与豪门大户及官匪做斗争。

寨子里不论比武、学拳、舞棍,年幼的贺龙总是来得最早,回去得最迟。他不声不响地站在一旁,聚精会神地观察。回到家里,父母亲睡了,他一个人在堂屋里模仿着大人操拳的套路纵跳腾挪,挥拳踢腿,弄得一身汗淋淋的。有一次,他向亲友们提出要求:"练武,你们大人可以练,我们小伢①也要练。"大人告诉他:"练武不分大人小伢,但要吃得苦。早上要起得早,夜里要睡得迟。"贺龙说:"什么苦我都能吃!以后你们看啰!"他悄悄地邀了几个小伙伴,也跟着大人学起武来了。

贺龙家旁有一条小河,清澈透底,人们都叫它玉泉河。贺龙除了跟着大姐帮助爸爸、妈妈种田、砍柴、打草外,还常常光着身子在河里洗澡,或与穷人家的孩子一起在河里捉鱼摸虾、嬉笑玩耍。

有一天,他又和小伙伴们一起下河抓鱼。他们有的用衣裳当网兜兜鱼兜虾,有的则干脆脚踩手摸,好不热闹,不一会,岸边沙滩上铺满了"扑腾""扑腾"跳着的大小鱼虾。正在大家一边抓鱼、一边戏耍的时候,村里两个大户人家的孩子也来河里洗澡了。他们一见岸上有好多活蹦乱跳的鱼虾,馋得心里痒

---

① 小伢:当地方言,小孩子的意思。

痒的。他们互相使了个眼色，澡也不洗了，走上来高声骂道：

"穷小子，你们胆子不小，竟敢抓我们家养的鱼！"

贺龙和小伙伴一听这话，都气极了。贺龙用手抹了抹脸上的汗水，竖起眉毛，瞪着大眼，气呼呼地说：

"山上的鸟，河里的鱼，地上的草，连老天爷也管不着，怎么是你们家养的？"

"就是我们家的，不准你们随便抓，反正这些鱼得归我们。"他们明知理亏，却耍起蛮来。

"你们敢动一下鱼，别怪我这家伙！"贺龙说着，从水里伸出了拳头。

这两个富家孩子平时霸道惯了，心想，你们这批穷小子算什么，谁敢和我们作对，于是满不在乎地一边动手抢鱼，一边说道："怎么，你们抓了我家的鱼，还敢动武？"

贺龙一看，向伙伴们把手一挥，说："快，上岸！"

伙伴们立即跟着贺龙拥上沙滩，围住两个富家孩子："放下，赶快放下！"

"这鱼就是我家的，你们管不着。"两个富家孩子还想耍赖。

这时，贺龙向小伙伴们瞟了一眼，突然上前，一把抓住一个富家孩子的衣领，用腿用力一扫，就把他掀翻在地，贺龙顺势骑了上去，其余的小伙伴也一拥而上，用拳头狠狠地擂了几下。另一富家孩子见势不妙，便不顾同伴，赶紧溜得远远的。贺龙边打边问："你说，这鱼是不是你家养的？"

这个富家孩子一看不妙，如再不告饶还要继续挨打，没法子只得哀求说："这鱼不是我家养的。"

"以后你还敢抢鱼不？"贺龙边说边又高举起了拳头。

"不要打，不要打，以后我不敢了，快放了我吧！"

贺龙和小伙伴们又"咚""咚"地揍了他几拳，才放他起来。

从此，那几个富家的小霸王再也不敢来称霸捣乱了，玉泉河畔成了贺龙等穷人家孩子嬉闹玩耍的天下，他们玩得更欢了。

除了与穷人家的孩子一起下河抓鱼捉虾外，贺龙还喜欢与村童一起持枪拿刀上山玩打仗游戏。他常常被推为首领，组织指挥队伍、发号施令。由于贺龙平时胆力超群，碰到富家子弟欺压穷人家孩子时，敢于挺身而出，爱打抱不平，所以深得穷人家孩子的拥护。每次玩打仗游戏时，穷人家孩子都喜欢做他的部下，听他的指挥。这下，惹怒了乡间那帮小豪绅、小权贵们，但是他们又斗不过贺龙和他的穷伙伴们，于是纷纷向父母告贺龙的状。而那帮豪绅权贵们，也早已发现贺龙天资聪慧、胆力超人，把他视为祸根。他们多次密谋要好好地教训教训贺龙。

有一天，一个外号叫"刘阎王"的恶霸假装去贺家串门，当贺龙父子招待他吃茶时，他干笑几声，突然在桌子底下"叭"的放了一枪。贺龙当时没被吓到，他父亲忙起身，问他要干什么？他假惺惺地说："没有什么，贺裁缝，外面人都风传，说令郎胆子特大，我今天特意来试试，没想到令郎居然听到枪声面不改色，佩服，佩服！以我之见，令郎以后必成大器。"

事后，刘阎王懊丧地对别人说："我谋算着这一枪不把那小崽子吓成个傻瓜，至少也吓得他哭鼻子抹眼泪。哎！真没想到，他连眼睛也没眨一下，反给我闹得下不了台。才七八岁的小崽子，就有这般胆量，长大后可越发难对付。"

刘阎王有个儿子，长得歪头斜眼，两个鼻孔经常挂着鼻涕，人们都叫他"刘歪"。刘歪比贺龙大几岁，经常在村童中仗势欺人,打架斗殴,偷东摸西,撒泼耍赖,一般孩子都有点怕他。他受他老子的唆使,总想欺侮贺龙。有一次,贺龙和小伙伴们正在玩一个叫"迎接县太爷"的游戏,刘歪也围上来,非要扮演县太爷不可。他当了"县太爷"后,神气活现地对着村童一个一个分配角色:"你当绅士,你扮秀才,你们当轿夫……"最后,他才问站在一旁的贺龙:"贺龙,你愿当什么?"

"我愿当刀客!"贺龙答道。"刀客"在清王朝时是指那些持刀杀官劫库的造反者。刘歪一听,正中下怀,县太爷就是要抓"刀客"的,等一下抓住你要狠狠审问拷打你一顿。

游戏开始了,刘歪骑在两个小孩交叉着的手臂上,率领队伍威风凛凛地走了两圈,站住正要下令捉拿"刀客"时,贺龙突然闯进人群,大喊一声"杀狗官哟!"一把抓住"县太爷",把他按倒在地,一阵拳脚。其他当"轿夫""听差"的穷孩子们一看,想到刘歪平时经常欺压他们,现在机会来了,也跑上来做"刀客"的帮手,把刘歪揍得趴在地上连哭带叫。

这时,惊动了他老子刘阎王。刘阎王气势汹汹地抓住贺龙,质问道:"贺龙,你为什么打我儿子?"

贺龙一点也不怕,镇静地答道:"是他让我当刀客,自己当县太爷。刀客是专打县太爷的,今天我只打了他几下,还算饶了他呢!"

围在旁边的村童们,也都一齐替贺龙说话:"贺龙要不先动手打,他马上就要被抓起来,吊打一顿呢。"说得刘阎王哑口无言,只好牵着自认倒霉的刘歪回家去了。

---

* 本故事取材于《贺龙姐弟》,刘秉荣著,东方出版社2004年11月版,第1—14页。

刘伯承

【反抗旧社会的革命火种】*

立志时龄：11岁

刘伯承是中国人民解放军的创始人和领导人之一，伟大的无产阶级革命家、军事家，马克思主义军事理论家、军事教育家。中华人民共和国元帅。

1892年，刘伯承出生在四川开县张家坝一个普通的农民家庭里。

刘伯承的父亲早年读过私塾，能写一手好字，会写对联和碑文，并懂得一些医道。他体弱多病，不能干农活，靠教私塾、替人记账糊口。刘伯承的母亲是个不识字但心地善良、勤劳质朴的妇女，她白天下地干活，夜晚浆洗缝补，操持着这个贫苦之家。

刘伯承小名叫孝生，幼年时聪明活泼，非常惹人喜爱。父亲把光宗耀祖、改换门庭的希望全寄托在儿子身上。每天父亲干活回到家里，不管多累，都要把牙牙学语的孝生抱到自己的膝上，教他认几个字，或是教他背一两首诗歌。

孝生是个调皮的孩子，而且胆大好动。夏天，他光着身子赤着脚，四处乱跑。爬树掏鸟蛋，上房捅马蜂窝，样样都玩。母亲经常疼爱地抱怨他："墙上都是你的脚板印，都快叫你把墙踏平喽！""你也不长进，何时才能听话哟！"

父亲为了收收孝生的野性子，在他刚满五岁时，就借了些粮食做学费，把他送到本村的私塾去读书。可是，孝生上学后，不知道用功读书，学习成绩不好，有时还在学堂里带头淘气，常挨老师的板子。

母亲虽然很心疼孝生，但她知道只有"识文断字"的人才会有出息，看着儿子贪玩，她心中焦急，便经常督促他学习。

一天，孝生放学回来，正要跑出去玩，母亲把他叫住，要他把当天学的功课背一遍再去玩。孝生急着去玩，他知道母亲不识字，就站在门边，闭着眼睛乱背一通，母亲坐在床上认真地听着。不料，父亲这天没有出门，正在里屋看书，听着听着，听出了毛病，就大声斥责说："孝生，你欺负你妈不认字，乱背啥子！"母亲听了父亲的话，这才知道孩子在欺骗她，一气之下，竟抱着书伤心地哭了。

母亲边哭边说："谁叫我小时候家里穷，念不起书，现在连自己的儿子也欺负我不认字，叫我怎么不伤心呢！"

孝生见母亲哭了，慌了神，赶紧安慰母亲说："妈，是我错了，以后再不这样了,您别哭了。"

父亲也十分生气地说:"我告诉你,我没有南庄田、北庄地,只有一管笔、一锭墨留给你,你不用功,看你以后怎么过?"

孝生听了这番话,十分后悔,他向母亲认错说:"妈,我以后再也不让您着急了。"

母亲边擦眼泪边说:"光知道错了就行吗?从今天起,一定要好好念书,长大了才能做事,要不,你长大了,别人也会欺负你的。"

这件事使孝生幼小的心灵受到很大震动,他向母亲父亲立下保证:"从今以后,我再不淘气了,一定好好念书。妈,明天天不亮您就喊我起来读书吧!"

从这以后,孝生真的发愤读书了。他每天起得很早,常常第一个到课堂放声朗读。如果哪天晚了些,他就哭闹,埋怨母亲不早喊他起床。

孝生逐渐养成了刻苦好学的习惯。每天清晨,他随母亲一同起床,一面帮母亲烧火煮饭,一面借着火光读书。有时母亲饭做晚了,他宁可饿着肚子也不耽误上学的时间。晚上,母亲在昏暗的桐油灯下纺纱,他总是坐在母亲身边,伴着"吱呀""吱呀"的纺车声,一直读到深夜。

孝生读书,经常读得着了迷。有一次,他去放牛,把牛拴在有草的地方以后,就坐在一棵大柳树下读起书来。这时,天空乌云滚滚,电闪雷鸣,要下雨了,连那头老水牛都急得"哞""哞"直叫,可他却没有发觉,直到豆大的雨点透过树叶一滴一滴落到他的书上时,他才慌忙牵牛回家。

自古英雄出少年

立志篇

功夫不负苦心人，在老师的指点下，孝生的学习有了很大进步，他不但能用心听讲，认真思考领会老师所讲的内容，还在课外读了不少好文章和古代诗词。他的知识一天天丰富起来，学习成绩也比一般学生高出了一大截。

由于他学习成绩优良，很讨老师喜欢，老师高兴地对他的父亲说："孝生这孩子很聪明，记忆力很强，读书知道用功。背文章不但背正文，连注解都背下来了。你要想办法造就他，他将来一定会大有作为呀。"

1903年，刘伯承11岁了。这年，正赶上开县进行科举考试。科举考试是清政府选拔官员的一种制度。由于刘伯承学习成绩优秀，老师劝他去试一试，并说服刘伯承的父亲陪同刘伯承一起去考。

于是，父子两人高高兴兴地报了名，参加了预考，在履历表上，他们填的是农民。预考发榜的那一天，刘伯承挤在人群中，寻找父亲和自己的名字。不一会，他在第三团里找到了自己的名字，嘿！还是第三团的第一名呢！又在第十四团里找到了父亲的名字，父子俩预考成绩都榜上有名，取得了正式考试的资格。刘伯承很高兴，老师、亲友听到这个消息，也都奔走相告，上门祝贺。

谁知有个心术不正的人，见刘家父子预考成绩很好，正式考试很有可能中秀才，十分嫉妒，就暗中状告刘家父子是"优人之后"，没有资格参加考试。开县的主考官得知此事，不由分说，把父子俩逐出了考场。

这好比是一个晴天霹雳，刘伯承感到受了莫大的侮辱。他茫然不解地问父亲："爸爸，什么是'优人之后'啊？为什么'优人之后'就不能考秀才呢？"

父亲气愤地说："还不是因为穷。你爷爷是个铁匠，活儿多的时候，日子还能过得去。活儿少了，家里就糊不了口了。我们兄弟六人张着嘴等饭吃哪。幸亏你爷爷心灵手巧，从小就喜欢吹拉弹唱的，留心学会了吹唢呐。后来，远近邻居谁家有了红白喜事，都来请你爷爷当吹鼓手。开始是帮忙，后来人家总要给点谢礼，正赶上家里揭不开锅的时候，有一点钱也是救命的呀！从此你爷爷就成了'优人'，我们都成了'优人之后'！"

"'优人之后'为什么就不能考秀才？会的手艺多还不好吗？"刘伯承还是不明白。

父亲抚摸着他的头，长长地叹了一口气说："孩子，你哪里晓得，在这个社会里，吹鼓手是下九流，是下等人，祖孙三代都不能赶考啊！"

"这个考试规定太不合理了，难道穷人就要一直穷下去不成？咱们找主考官说理去！"刘伯承越听越有气。

"不合理的事多啦！"父亲摇摇头说，"我这个身子骨，除了能教几天书，也干不了农活，六个孩子都养不起。六个孩子里，就你这个老大念的书多，你可要给刘家争口气呀！"父亲边说边咳嗽起来。

"可是人家不让参加考试，读书再多，又有什么用呢？"刘伯承为难地说。

"听说现在办了洋学堂，我回去打听打听，要是能行，家里生活再紧，也要供你念书。"看来父亲是下了决心，一定要把这个儿子培养成才，好光宗耀祖。

赶考这件事和父亲的一席话，在年幼的刘伯承心中激起了满腔的愤怒与不平，烙下了不可磨灭的印记。他第一次强烈地体会到社会的黑暗、残暴和不平等。他开始痛恨旧制度、痛恨腐朽的清政府，在心灵深处埋下了反抗旧社会的革命火种。

---

* 本故事取材于《中国元帅的故事（四）：刘伯承元帅的故事》，余音、齐人著，中共党史出版社2004年5月版，第7—21页。

陈胜

【贫贱不坠鸿鹄之志】

立志时龄：11岁

陈胜，字涉，是秦朝末年农民起义的领袖之一，与吴广一同在大泽乡（今安徽宿州西南）率众起兵，成为反秦义军的先驱。

公元前209年七月，秦二世胡亥颁布命令，让阳城（今河南登封市东南）官吏调发贫民九百人去渔阳（今北京郊区密云县）戍边①。当这支戍边队伍来到大泽乡（今安徽宿县东南）时，突遇大雨，河水横溢，四野一片汪洋。戍卒们知道，误了到达渔阳的期限就要杀头，而现在大雨不停，道路淹没，如何行走？于是人人唉声叹气，不知如何是好。

正在此时，有人大呼一声："弟兄们，我们遇上大雨，尚有

---

① 戍边：驻守边疆。

几千里的路程，看来期限误定了，杀头无疑了。与其这样窝窝囊囊去死，倒不如起事造反，另图大业。如果事成，也称侯称王。我就不信，那些帝王将相都是从娘胎里带来的！"

众人一看，说话的是带领他们的屯长陈胜。陈胜的话音一落，立即有人响应："陈大哥说得对，与其被杀头，还不如起来造反，我们同意跟陈大哥一起干！"大家随之异口同声说："对！我们愿意跟着陈大哥一起干！"

正在这时，吴广和几个人买来一筐鲜鱼，高声对大家说："为了祝贺我们大家同心，今日改善生活！"伙夫首先拣起一条大鱼，当场用刀破肚，发现鱼肚内有块红绸子，展开一看，上面有"陈胜王"三个字，不由得惊呼道："这真是天意啊！"戍卒一听，争相观看，顿时一片欢腾。

就这样，大家一致推选陈胜为将军，吴广为都尉，拿起刀枪和木棒，以红布为旗帜，爆发了我国历史上的第一次农民大起义。

也许读者要问：鱼肚子里的红布真是上天安排的么？不是，这是陈胜预先安排的计谋。他事先在红布上写上字，让吴广伺机塞到鱼肚子中的。陈胜是一个出苦力的农民，为何有这种才能？

陈胜是阳城人，农民出身。由于父母早丧，他十余岁的时候，便给富豪人家做了长工。他年龄虽小，干活也很累，却喜欢读书。每天完工后，别人都躺下休息，他却抢时间看书。晚上，更深夜静，别人鼾声四起，他却借着月光读书。

有一天下午，陈胜又跟着其他长工去田里干活。由于天气炎热，大家头顶湿毛巾，光着膀子，打着赤脚干活。就是这样，一个个仍然热得汗流浃背，喘不过气来。约两个时辰后，他们又热又累，连打头的也受不住了，才允许休息一小会儿。命令一下，众人便一起扔下锄头，争先恐后地去找阴凉处休息。有的在树荫下闭目养神，有的跳到地边的水沟中洗澡，有的索性在地上仰面朝天地呼呼睡起大觉来。唯有陈胜，只到水沟边洗了把脸，找到一个没人的树荫下，从衣服内掏出了一本书，专心致志地读了起来，好像不觉得累似的。

有人看见后，出于同情劝他说："孩子，够累的了，别看书了，赶快休息会儿吧。"也有人瞧不起地说："一个农夫娃子，天生做牛做马的坯子，读什么书！"还有人连嘲带讽地说："说不定人家还真是个帝王将相的坯子！陈胜，将来做了将相，也想着咱们这些穷哥们点！"

陈胜开始没听出话的本意，还很郑重地说："苟富贵，勿相忘！"意思是将来我真富贵了，决不会忘记大家的。那人听后，哈哈大笑说："哈哈，一天不给人做工，就得饿肚子，还想当将相？真是癞蛤蟆想吃天鹅肉！"众人听了，也不由得随着大笑起来。

对于别人的嘲笑讥讽，陈胜并没有感到难堪，反而不屑一顾地摇了摇头，长长地叹了口气说："唉！燕雀安知鸿鹄之志哉！"意思是，燕雀只知在房檐上下飞来飞去，哪里明白鸿鹄（一种飞得又高又远的大鸟）一飞万里的远大志向啊！

不久，陈胜干活之余刻苦读书的事被富豪的管家知道了，因对他十分妒忌，便去富豪少爷那里打了小报告。少爷将陈胜找来大加训斥说:"听说你不好好干活,常常偷着读书?"

陈胜说:"我是利用晚上或休息时间读书,从来没在干活时看过!"

少爷张了张嘴,无话可说,管家赶紧接过来道:"那也不行!你晚上读书,一读就是半夜,把劲都用完了,白天还有劲干活么?"

陈胜不示弱地说:"分给我的活我都干完了,一点劲也没少使!"

富少爷说:"不管怎么说,我给你饭吃,是让你给我干活的,不是供你读书。今后再见你读一次书,就扣你一天的米!"

陈胜说:"随你扣吧,不让我读书是办不到的。"

富少爷见陈胜一句不让,气急败坏地说:"好,我一个东家大少爷,竟管不住你一个农夫娃子,这还了得!"回头对管家说:"今日给他算算账,让他滚吧!"

陈胜毫不退让地说:"大丈夫志在四方。想让我干,我还不想受这份气呢!"

管家说:"你过去看书用的时间,到算账时也得把米扣回来!"

陈胜说:"随你的便吧!"

陈胜离开富豪家后,到了镇上,遇见他的一个也是做长工的邻居吴广。吴广问他:"知不知道国家在征兵,要打仗?"

陈胜一听,就说:"我辞工不做了,咱们当兵去。"

"当兵要打仗啊!老兄。"

"去就去,怕什么。"陈胜气鼓鼓地回答。

吴广觉得很奇怪,好好的长工不做,要去当兵打仗,就问他:"怎么啦,你不怕当兵?"

"打仗怕什么,反正比当这个长工怄气总要好些。"

吴广知道他是在富豪家里受了气,问他是怎么一回事。陈胜一五一十地告诉了他,吴广也很代他不平,但是他劝陈胜:"兄弟,当兵是苦差,咱们天生是个穷人,吃了人家的饭,就得受人家的管,做工总比当兵好,没危险。"

陈胜心里不服,反问他:"当长工有什么出头的日子?还不是一辈子受人家的压,受人家的气!当兵苦,我不是不知道,可是说不定有一天出了头,得了富贵,也好报仇,出出这口气。"

吴广听了觉得好笑,说:"你一个当长工出身的还想富贵,可不是做梦?"

陈胜说:"你以为王侯将相都是天生的么?我不相信。——和我一块儿去当兵吧!走,一同去。"

后来,陈胜与吴广结为兄弟。吴广一身武艺,陈胜满腹经纶,两人常在一起切文磋武,互相取长补短,五年过去,都成了文武双全的人才。

项羽

【彼可取而代也】

立志时龄：9岁

项羽，是战国后期楚国名将项燕的孙子，下相（今江苏省宿迁西南）人，出生于公元前232年。以"楚汉战争"而称著后世。他之所以能成就一番霸业，一个重要原因，就在于他还是个八九岁的少年时，胸中已经有了宏大的志向。

公元前223年，楚国为秦国所灭，项燕自刎而亡，项羽时年九岁，随叔父项梁逃亡他乡。面对国破家亡的惨状，项羽对秦朝恨得咬牙切齿，立志长大后复国报仇。项梁见侄儿小小年纪竟有如此大志，心中十分欢喜，把报仇复国的希望寄托在他身上，着意培养。

开始，项梁教项羽读书写字。项羽虽然生得虎背熊腰，外表看四肢发达、头脑简单，不是块读书的料。可是他天资聪慧，对叔父所教的东西一学就会。项梁心中自然高兴。可是过了不久，项羽就对学习产生了厌烦情绪。有一天，项梁外出办事，临行前嘱咐项羽温习功课，项羽满口答应。可是中午回家一看，项羽不是在做功课，而是身披一床大红被面，手举一把木剑，做占山为王的游戏。项梁大怒，当即让他跪在祖宗牌位前，厉声训斥说："你如此玩物丧志，对得起祖宗么？将来凭什么复国报仇。"项羽没有吭声。此后，项羽不再舞枪弄棒了，但是言谈也少了，学习也没什么进步，急得项梁整日唉声叹气。

有一天，项梁与友人交谈，提起了项羽不爱读书的事，友人说："凡事不能强求，我看项羽虎头虎脑，既然喜欢舞枪弄棒，何不让他习武？如果能顺其自然，说不定能成大将之才！"

项梁一想，认为有道理，便又教项羽学习剑术。项羽学剑，又是一学就会，可过了几天，又厌烦起来，常常趁叔父不在的时候，偷懒睡觉。项梁发现后，很是伤心，流着泪对项羽说："我看你自幼聪明有志，把复国报仇的希望寄托在你身上。可是你文不成，武不就，将来怎成大业？没想到我满腔热情训练你，到头来得到的却是一盆冷水。你太让我失望了！"

项羽见叔父如此伤心，也难过地流泪说："我知道叔父对我恩重如山，您让我读书、练剑，都是为了使我将来成才。可我想，读书识字，学点就行了，学得再深有什么用？练剑，练得再好，将来最多能和一个人单打独斗，也不会有多大的出息。所以我觉得不值得一学，也不愿学！"项梁一听，惊得瞪大眼睛问："那你觉得什么才值得一学？"项羽咬着牙，发狠说："我要学就学能战胜一万个人的本事！"项梁听了，以为项羽的话是眼高手低，可细细一想，侄儿不论是学文，还是学武，开始都掌握得很快，后来的厌烦情绪很可能正像他自己说的那样，满足不了他要学"万人敌"的志向！

项梁又被侄儿的志向感动了，便千方百计地把《孙武兵法》《孙膑兵法》《吴子兵法》和《尉缭子》①等兵书找来，一章一节地教项羽学习。这样一来，项羽感到如鱼得水，越学越解渴，越学越有劲。几个月之后，项羽便把那一字长蛇阵、二龙出水阵、三山天地阵、五虎群羊阵、六环金锁阵、七星阵、八卦阵、九宫绝户阵和十面埋伏阵等都记在了心中，并昼夜学习演练，直至运用自如方止。项梁见侄儿学习如此刻苦，高兴地称赞说："真不愧是项氏后代。"

公元前210年的一天，秦始皇南巡来到项羽的家乡，本地的百姓为了恭迎皇帝的大驾，又是修桥铺路，又是纳捐派款，早被折腾得筋疲力尽，怨气填胸了。但是一听说皇帝的车驾就要到了，大家的好奇心又旺盛起来，都想亲眼看看这个暴虐（nüè）天下的皇帝究竟是什么模样。

用干净的黄土新铺的道路很宽，百姓们只能远远地挤在路边上。披甲荷戟（jǐ）的关西大汉组成的军队威风凛凛，宛如两条铁的长龙，在驰道两侧行进着，已经走了几个时辰还没有完。忽然，远处黄尘腾空，隐隐传来如滚雷一般的隆隆车轮声

---

① 这四部兵法书分别是春秋末年齐国人孙武、战国时期齐国人孙膑、战国初期卫国人吴起、战国晚期秦国人尉缭所著。其中《孙武兵法》也叫《孙子兵法》，最有名、影响最大。

和嗒嗒马蹄声。又过了一会儿，步兵、马队拥满了驰道两侧，旌（jīng）旗蔽日，戈戟耀目，在雄壮威武的御林军的护卫下，高头骏马驾着的车队风驰电掣（chè）般驱来，皇帝的车驾到临了。

站在驰道两旁的百姓见到这戒备森严，豪华壮丽的车队，都屏住气息，哪里还敢吭声。项羽在观看的人群中，对着威风凛凛，杀气腾腾的卫队毫无惧色，浓眉下面始终瞪着一双炯炯有神的大眼。他见秦始皇前呼后拥，耀武扬威，气愤地说："有什么可神气的？我早晚要把他拉下皇位，取而代之。"项梁急忙捂住他的嘴说："不要胡说，给人听到要杀头的！"

项羽虽然还很年轻，可是他早就立下了灭秦复国的志向，所以他一看到秦始皇巡游的威风，顿时国仇家恨涌上心头，不禁把心里的话脱口说出，让他叔父吃了一惊。回到家里，项羽埋怨叔父说："平日您总是督促我练习武艺，学习兵法，让我念念不忘家国之恨，今天您怎么这样胆小怕事呢？"

项梁道："我们图的是翻天覆地的大事业，心急气躁是干不成的。要报仇，就要等待时机。时机不到，我们要'静如处子'；时机一到，我们就要'动如脱兔'了！"

时机没多久就到来了。就在这一年，秦始皇在回咸阳的途中生病死去，他的小儿子胡亥在宦官赵高的协助下，篡取了帝位，被称为二世皇帝。秦始皇在位时，由于严刑酷法，徭役繁重，社会矛盾本来就很尖锐了，继位的秦二世偏偏又是个既残暴又昏庸的家伙，老百姓被逼得没了生路，终于爆发了由陈胜、吴广领导的农民起义。

项羽和他的叔父项梁见推翻秦朝的时机已到,在会稽杀死地方官段通,联络地方豪杰士绅,组织起八千精兵,加入了推翻秦王朝的起义大军洪流中。经过几个月的时间,项梁所领导的起义队伍就发展到十多万人。

公元前208年九月,项梁战死,项羽成为这支队伍的主帅。次年九月,项羽率军渡黄河,破釜沉舟,大败秦军于巨鹿。

公元前206年十月,项羽和各路起义军联合奋战,终于推翻了秦王朝的统治。起义军拥立楚怀王为义帝,并将各路起义军首领分别封王;项羽自称西楚霸王,定都彭城(今江苏徐州),成为王中之王,从而实现了他少年时代的远大理想。

韩信

【胸怀大志忍羞辱】

立志时龄：十几岁

韩信，淮阴（江苏省淮安市淮阴区）人，西汉开国功臣，中国历史上杰出的军事家，与萧何、张良并列为汉初三杰。

韩信的家里几辈都很穷，到韩信这一代，更是穷得叮当响。当时正在秦朝统治下，韩信看到秦王朝的暴政，从小就暗暗下定决心：推翻暴秦，建立不朽功业。

在他十几岁的时候，因贫病交加，母亲死了。韩信自幼丧父，如今唯一的亲人——母亲也离他而去，他异常悲痛。

家里连吃的东西都没有，母亲的后事如何料理？邻居们出于对韩信的关心和同情，就凑了一点钱，好歹买了一口薄板棺材，把老人装殓了。邻居们又在城边乱葬岗挖了一个坑，就要把棺材抬出去埋掉。这时，韩信大声制止说："等等！"

人们弄不清怎么回事，吃惊地望着他，询问道："还有什么事？"

韩信泪流满面，抽抽噎噎地说："我要把母亲埋在城北的高坡上！"

城北的高坡，长满了郁郁苍苍的松树，那里地势高，土质坚硬，按迷信说法"风水"好，财主们的坟地都选在那里。

"那可以吗？"人们担心地问。

"我母亲生前受苦受罪，被压在最底层，死后，我一定把她埋在最高处……"韩信坚定不移地说。

人们听了韩信这句话，都夸他有志气。

韩信果然把母亲埋在了城北土坡的最高处。这里因为地势又高又陡，财主们都不选为坟地。而韩信认为这里最好，连财主们的祖宗都被他母亲踩在了脚下！

韩信又把母亲的坟地修饰了一番，周围栽上了几棵挺拔的小松树。

母亲死后，韩信无家可归，便到处流浪。他既不会耍手艺，又不会做买卖，所以连个职业也没有，只好经常到熟人家里混碗饭吃。

韩信曾经投奔到他们县南昌亭的亭长家，一连几个月都在亭长家里吃饭。开始，全家人对他还挺客气。时间一长，首先惹得亭长的老婆不耐烦了。怎么撵走他呢？亭长的老婆费了一番心思，终于想出了一个办法。

一天，天刚蒙蒙亮，亭长老婆就把饭做好了，端到几案上吃了个盆干碗净。等到该吃早饭的时候，韩信进了屋子，便坐在几案旁边。

等了一会儿,不见动静,又等了一会儿,还是没有吃饭的意思。韩信急了,走到锅台边,揭开锅一看,锅刷得干干净净,又看碗筷,碗筷也湿漉漉的,显然是刚刚刷过。这说明主人们已经吃过饭了。

韩信无望了,他扭头看见亭长老婆正用白眼瞪着他。他一下子就明白了主人的心思,人家这不是嫌弃我吗?见这情景,他并没生气,心想:人家既然不欢迎,我只好离开这里,何必受人家的白眼呢!从此,他再也没有登亭长的家门口。

没有个正当职业,总不是办法呀!怎么办呢?他终于想出了主意:依靠钓鱼谋生。

淮阴城边有条河,河面宽阔,水流缓慢。风平浪静的时候,河面宛若明镜,蓝天白云映衬着岸边的垂柳。那不时欢蹦乱跳的鱼儿,腾跃出水面,掀起一簇又一簇银色的浪花……等到微风吹动,阳光照耀,河面上又仿佛撒了千把万把碎银子,金灿灿,亮闪闪……

韩信置备齐了鱼竿、鱼钩、鱼饵,就到河边钓鱼去了。

钓鱼这营生,看着容易,又挺有意思,其实,干起来就难了。几天过去了,他钓到鱼,就卖几个钱,随便弄口吃的;钓不到,只好饿肚子。不过,对于不会钓鱼的韩信来说,还是饿肚子的时候居多。

有一天,有几位老大娘在河边漂洗丝绵,见韩信早早来了,坐在河边,钓呀,钓呀……钓了半天,连一条小鱼也没钓到。

"这些鱼也这样气人,为什么不上钩呢?你难道没有看到我正饿肚子吗？"韩信越想越生气，越生气肚子里叽里咕噜叫唤得越响。要知道，从早晨到中午，他还没吃一点东西呢！

正在洗丝绵的一位大娘见他饿得难受，赶忙把自己带来的干粮分给他吃。

就这样，一连几十天，韩信都吃这位大娘施舍给他的干粮。

韩信实在过意不去，便万分感激地向她道谢，说："大娘啊，我天天尽吃您的干粮了，将来，我一定要好好报答您老人家……"

老大娘一听这话，立刻拉下脸来，气呼呼地说："男子汉大丈夫，还不能自己挣碗饭吃！我可怜你，才给你吃的，谁指望你报答什么呢！"

听了这番话，韩信感动得落下泪来。

有一天，韩信碰上了好运气，一连钓了三条大鲤鱼。他赶紧用根柳条把它们串起来，高高兴兴地提着来到淮阴城。谁知刚进城门，就碰上朱彪一伙人，想躲也来不及了。这个朱彪，十七八岁，是家肉店掌柜的儿子，仗着自己力气大，专好伙同几个酒肉朋友，打架斗殴，一般人都惹他不起。往日韩信进城卖鱼，他们就经常奚落他，还老把韩信挂在身上的宝剑弄得嘀哩哐啷响。原来韩信家里有口祖传宝剑，他从小就非常喜爱，总是一刻不离地带在身边。后来日子虽然十分困难，他也没舍得把它卖掉。这在朱彪他们看来，实在觉得滑稽可笑，因此一见韩信，就要拿他的宝剑取笑开心。

这天，他们一见韩信进城来，便又呼啦一下围了上去。路上行人不知出了什么事情，纷纷过来看热闹。朱彪是个愣头青，看热闹的人越多他越是来劲。他把两手叉在腰里，拦住韩信去路，嘴里喷着唾沫星子说："韩信，别看你个头挺大，腰里还挂着宝剑，装得好像是个英雄，其实是个胆小鬼！你如果敢当胸刺我一剑就算你胆大，如果不敢，你就得从我裤裆下面钻过去。"说完就摆开骑马蹲裆式，等着韩信。

看到这家伙来侮辱，心里火冒三丈，韩信真想给他一剑，当场结果他的狗命。然而，转念一想，刺死了他，自己也活不成，推翻暴秦、解救人民于水火、报效国家、为万世安乐建奇功的抱负就不能实现了。很值不得，很值不得，大丈夫能屈能伸，荣辱怎在此一时，何必同他们一般见识呢！

韩信一边思谋，一边久久地凝视着那些寻衅的无赖。无赖们见韩信不敢刺，更放肆了，连连高叫着："钻吧，快快快！钻吧，快！快！快！"

韩信打定了主意，就轻轻地把剑往后一拨，老老实实趴在地上，从朱彪胯下钻了过去。这一下可乐坏了朱彪他们一伙，一齐拍手叫喊起来："胆小鬼，钻裤裆。胆小鬼，钻裤裆……"

韩信却不大在意，慢慢爬起来，轻蔑地看了他们一眼，便拨开人群，穿街而去。从此，韩信就落了个"胯下夫"的外号。很快，一传十，十传百，这条"新闻"就传遍了淮阴。一来二去，人们就不称呼他的名字了，都叫他"钻胯裆的"。

韩信受了羞辱，真是悲愤已极。他一口气跑到母亲坟前，跪着失声痛哭起来……

几年过去了，母亲的坟头已长满没膝的荒草，发散着一股股苦涩味儿，那不知名目的小花儿，五颜六色，零零星星，隐没在青草间。那些幼松已长到碗口粗细,清风徐来,新抽出的嫩枝摇摆着,发出细微的声响,犹如窃窃私语,也仿佛嘲笑着韩信的无能……

哭着,哭着,韩信猛地站了起来,飞快地抽出宝剑,向着一棵青松用力砍去。随着"刷"的一道寒光,那棵松树树干已被拦腰砍断,伞形的树冠倾倒在他的身边。

韩信重新跪在母亲坟前,双手把宝剑举过头顶,发誓说:"母亲呀,母亲,我要实现不了灭秦的抱负,洗雪不了胯下之辱,儿子就是这宝剑之下的松树!"

以后,项羽和他叔叔项梁的队伍打到淮阴,韩信便参加了这支队伍。因为不受重用,他又投奔到刘邦那里,后来当上了兵马大元帅……

班超

【投笔从戎立壮志】

立志时龄：11岁

班超，扶风郡平陵县（今陕西咸阳东北）人。东汉时期著名军事家、外交家。班超为人有大志，博览群书。不甘于为官府抄写文书，投笔从戎，在三十一年的时间里，平定了西域五十多个国家，为西域回归、促进民族融合，做出了巨大贡献。

班超出生于一个世代书香家庭，他的父亲班彪是个很有学问的人，生前准备续写《史记》，写成的《后传》有六十五篇；他的哥哥班固也是个史学家，在父亲去世后，完成了《汉书》的写作。

班超的家庭环境，给他创造了得天独厚的学习条件。他在父亲、哥哥的熏陶下，养成了喜欢读书的习惯。但他和哥哥班固的性格不大一样。班固恬静沉稳，像个老成的小学者；而班超活泼好动，豪爽旷达，有一股豪侠的雄风。他读史书时，更感兴趣的不是史籍的文采和史笔的优劣，而是历史上那些杰出人物的动人事迹和英武性格。他喜欢战国时代和更早的年代中的那些古人，因为他们不是书呆子，而是在战场上能驰骋冲杀、在外交上能口若悬河、在朝廷上能剖析时局的文武兼长的"完人"。他不仅想使自己成为父亲、哥哥一样博学的人，而且幻想着能够建立一番更大的功业。他不想去做记载历史的史学家，而要成为历史学家笔下的英雄。

班超十一岁那一年（汉光武帝建武二十年，公元44年），匈奴的铁骑大举进犯汉朝的天水（在今甘肃省东南）、扶风（在今陕西省西安市西）、上党（在今山西省南部）等郡。从西到东千余里的边境，无不遭受匈奴铁蹄的践踏。他们击杀耕牛，抢劫财物，掳走人口。万顷良田践为荒地，无数村落变为废墟。无家可归的难民到处流浪，广阔的原野上随处可以听到凄惨的哭号声。

扶风郡正是班超的家乡，年幼的班超亲眼看到侵略者暴行留下的灾难，心头升起了正义的怒火。他暗暗下定了决心："等我长大了，一定要抗击匈奴，把他们赶得远远的，让我的国家和平安宁，让父老百姓们过上平静的好日子！"

从此以后，班超更觉得在国家多事的时候，文武全才是国家最急需的人才。于是他不仅更加勤奋地读书，还经常纵马驰骋，弯弓射箭，舞枪弄棒。几年之后，班超练就了一身好武艺和健康的体魄，成了一个少有的文武双全的青年豪杰。

有一天，班超正和哥哥、妹妹一起读书，见父亲班彪下朝回来，神情不好，一言不发，只是背着手在屋里踱来踱去。兄

妹们不知出了什么事,惊异地面面相觑。不一会儿,性格活泼的班超沉不住气了。他壮着胆子问了一句:

"父亲为什么这样闷闷不乐呢?"

班彪看了孩子们一眼,叹口气道:

"西域各国无法忍受匈奴的欺凌和压榨,偷偷地派来了使者,请皇上重新在西域设立都护府,出兵赶走匈奴,保护各国。"

"皇上同意了吗?"班超急切地问道。

"没有,"班彪摇了摇白发苍苍的头,"我们国家的府库里没什么积蓄,兵力更谈不上雄厚。国贫兵弱,眼下还没有和匈奴大规模作战的能力。"

班彪一面说一面叹息着。班超握着拳头,目光炯炯地说:

"待国家富强起来,我一定参军,去和匈奴在战场上较量较量!"

"嗯?"班彪惊奇地看着自己的小儿子,见他生得膀粗腰圆,雄姿英发,一股豪气在眉宇间涌出,不由心中暗暗高兴。他又略微沉默了一下,便道:

"好!你们今天再把《太史公书》中的《张骞传》好好阅读一遍吧。"

班超已把《张骞传》读了十多遍,几乎全能背下来了。但他还是认认真真地逐字逐句地重读了一遍。张骞奉命出使西域,中途被匈奴捕获,但他面对匈奴的威胁利诱,始终不忘所负的重大使命。当班超读到张骞历尽艰险,终于在十三年后胜利完成使命回到长安时,禁不住热血上涌,壮志满怀。他渴望着国家会早日富强起来,那时他一定要像张骞那样,跋涉万里,立功绝域，为打通西域、抗击匈奴立下丰功伟绩。

从此之后，班超更加专心致志地读书，顽强刻苦地练武，为将来报效国家磨炼自己的意志、训练自己的本领。

后来父亲去世了，哥哥班固被任命为校书郎，班超和母亲也一起随班固到了洛阳。班固的薪俸有限，母亲又年老体弱，所以他们的日子仍然不大好过，不得已班超便常常受雇于官府去抄写文书，挣些钱来供养母亲。

这种枯燥乏味的差事使班超厌烦透了。他每天从早到晚趴在书案上，誊抄着烦琐的文牍，身体和精神都感到异常疲惫。他想：我抄的这些公文满篇废话，谁要看他！国家的富强、政治的开明哪能靠这种空洞乏味的文牍达到呢？每天回到家中，尽管天色已晚，全身疲倦，但他还是要读上几篇文章，练一会儿拳脚。他时刻关心着边境上的事态，渴望着有建功立业的时机。

这一天，班超正在官府里伏案抄写着文书。突然从外面急匆匆走进一个书吏，对大家说："你们听说了吗？匈奴人最近又接连骚扰边境，朝廷上正筹划着怎样对付呢！"

"真的？弄不好又要打仗了吧？"几个年老的衙役听了，脸上现出惊惶的神色。

班超抬起了头，眼中闪出兴奋的光芒，道："我看，朝廷早就该打定主意，严惩那些肆无忌惮的匈奴人了！"

"咱们最好少议论这些事。朝廷的事自有朝廷的大臣们去管，我们何必去操这份闲心！"一个未老先衰的年轻人轻声嘟囔着。

班超见大家都不再吭声了，便叹了口气，继续埋下头抄写案上的文书。但他的心已经沸腾起来，再也安静不下来。没过

一会儿,他烦躁地把笔往地上一摔,长叹一声,道:

"大丈夫即使没有治国平天下的大略,也应该学学张骞、傅介子(西汉昭帝时人,曾出使西域,刺杀楼兰王)那些豪杰,立功异域,报效国家,哪能整天在笔墨中混日子呢?"

衙役们听了不觉一怔,但接着就嘻嘻地笑了起来:"小伙子志向不小,还想像张骞、傅介子那样当官封侯呢!""出使西域,征讨匈奴,可不是去游山逛水呀。我看你还是清醒一下,别让当官的念头迷住,弄得连这个饭碗都丢了吧!"

衙役们拿班超开了顿玩笑。班超看着这些庸人的浅薄举动,痛苦地摇了摇头,然后报复地冷笑道:"俗子哪里会明白壮士之志向呢!"

班超不仅有投笔从戎的意愿,而且坚决地付诸行动。后来他把自己打算从军的想法告诉妈妈,他以为妈妈会阻拦他,他准备跟妈妈好好谈一谈呢。谁知妈妈说出这样的话:

"孩子,你的想法很好,我完全同意。你平日关心国家大事,我看就是一个有出息的孩子。现在,你有为国立功的志向,做妈妈的决不拖你的后腿。"妈妈说着说着,眼睛有点湿润了,但是声音还是坚定的:"你走了以后,我自己能够料理自己的生活,你不要担心。只是到了外面,要多写信回来。"

班超在军队里,每次都能很好地完成任务。他投笔从戎以后,在西域(如今甘肃敦煌以西的地方)一去就是三十多年,担任"都护使",和五十多个国家订立了和约,互派使节来往,大大减少了战争给人民带来的痛苦。人民称班超是一个卓越的外交家。

宗悫
【愿乘长风破万里浪】

立志时龄：十余岁

宗悫（què），河南省南阳人，南北朝时期南朝宋的将领。他从小就有远大的志向，精心刻苦地练武，后来他真的成为一位赫赫有名的大将军。

南北朝时期，南方各朝的社会风气是尚文轻武，也就是看重文人，而轻视习武者。所以，大多数人愿意自己的子弟读书习文。在人们的心目中，似乎只有那些没有文才，学文不行的人，才去练武。

南方宋朝，有一个孩子，叫宗悫，他同社会上大多数人的想法不一样。

宗悫，字元斡（wò），他的哥哥、弟弟，以及叔伯兄弟，全都学文。他的叔叔宗炳是个很有学问的人，生性高洁，讨厌官场上的欺诈争斗，拒绝做官。宗炳在家乡读书、赋诗、写文章，有空就教导儿子、侄儿，让他们勤奋读书习文。侄子们都很尊重宗炳，乐于接受宗炳的指导和教诲。

宗悫也非常佩服和尊敬叔叔宗炳，不过，宗悫认为，在这个国家分裂、战争频繁的时代，靠诗、赋、文章是不能解决问题的。他从小硬拼硬打，练得一身好武艺。当时，热心练武的人很少，因此许多人都觉得宗悫有些怪。特别是宗悫的哥哥，每每看到宗悫舞着长剑累得满头大汗，他总要说："何苦呢？难道你以后要做一员大将吗？"宗悫不作声，只闷头苦练。

一天，宗炳问子侄们："长大以后，你们都想做些什么？"

子侄们都说：要学好诗、赋、文章，去做官，或者学习宗炳叔叔过隐居的生活、逍遥自在。宗炳听了，十分高兴，认为子侄们都很有志气。宗炳发现，宗悫紧闭着小嘴，一句话也不说。于是便问小宗悫："你的志向是什么呢？"

宗悫仰起头说："愿乘长风破万里浪。"这句流传千古的名言，就出自这个十余岁孩子的口中。

宗炳听了之后，说道："你的志向很远大，应该好好读书习文。"

宗悫便向叔叔谈了自己的想法："叔叔，现在国家分立，战争不息，靠几篇诗、赋、文章，能解决什么问题呢？侄儿立志学武，为国家建功立业。"

听完宗悫的想法，宗炳不无担忧地说："人各有志，不能勉强。在这个时代，以你的志向，要么为国家建功立业，飞黄腾达，一生富贵；要么身败名裂，使我们宗家门庭败坏。元幹，你好自为之吧！"

宗悫立下大志，勤苦习武，并专攻兵书，以便日后报效国家。

宗悫14岁那年，哥哥宗泌结婚，家里张灯结彩，宾客盈门，好不热闹。宗悫也沉浸在喜悦中，他多么盼望哥哥幸福美满呵。但即使在这天，他仍抽出时间练习他的剑术。

当晚天阴沉下来，客人们告辞后，喧闹了一天的庭院才冷清下来。宗悫挂好长剑，打算回自己房里睡觉。忽然，他听到东院外墙上有动静，再一看，有几个黑影正在墙头上晃动。一会儿，又上来了几个。宗悫立即明白了，这是一帮盗贼，肯定是冲着哥嫂的新房来的，他们想趁夜深人静之时来抢劫。不行！不能让他们得逞！宗悫正准备大声呼喊，但话到嘴边又咽回去了，他怕一喊出声会让盗贼跑了，再说，平时练就的武功，也该趁机会试试了。但是，盗贼人多势众，自己身单力薄，硬打是不行的。怎么办呢？应该一对一地干掉他们。

宗悫手握宝剑，躲进小屋，贴在门边的小窗下，只见两个盗贼摸到后院，搭起人梯，翻入内院。宗悫借着月色，隔窗击出一剑，一个盗贼便结束了性命。宗悫又很快抓住这家伙的衣领，不让他倒下。另一个盗贼见他不动，不知何故，便来拉他。没想到，宗悫的宝剑又刺过了他的胸膛。

后面的盗贼见两个先行的盗贼这么长时间不出来，以为他俩已经得手，便兴奋地往里跑。可是，最前面的一个家伙刚进门，就被夹住了脖颈，一眨眼工夫，便倒在了地上。原来，宗悫躲在屋顶,他用双脚夹住盗贼的脖颈,使劲一拧,就干掉了第三个盗贼。

众盗贼发现遇到了对手,都急忙后退,举刀迎战。宗悫毫不示弱,熟练地挥舞着手中的剑,又刺伤了两个家伙,疼得他们嗷嗷直叫。

宗悫意识到,再这样下去对自己不利,他在寻找新的机会。他已注意到盗贼中有一矮胖之人站在旁边督战,估计他就是盗贼的头目。于是,宗悫虚晃一剑,纵身一跳,落在这个矮胖的贼首身后,随手一挑长剑,带下了贼首的一个耳朵。宗悫趁势将剑横在贼首的脖子上,怒声命令道:"听我的!叫你的人都别动,放下武器,要不然就削下你的脑瓜子!"

那贼首魂都给吓没了,不停地喊道:"好汉饶命,手下留情!"众盗贼也不知所措,都呆呆地站着。宗悫的剑架得更有力了,大声命令道:"快说,再不说我就动手啦!"贼首赶紧喊道:"赶快放下武器,求好汉饶命!"众盗贼无可奈何地放下了武器。宗悫放开贼首,狠狠地踢了他一脚,大声地说:"你们下次敢再来,我就把你们全收拾了!还不给我快滚!"

宗悫和盗贼战斗的声音,惊醒了家里人。家里人又喊来了左邻右舍,大家打着火把起来,准备一起抗击盗贼。待他们来到宗家,看到的却是盗贼的三具尸体和打斗后乱糟糟的场景。大家都夸赞宗悫,说他干得好,为民除了害。宗悫,这位14岁的少年,以他的机智勇敢,赢得了远近乡亲们的尊敬。

又过了几年,宗悫的从兄宗绮,出任江夏王刘义恭的征北将军,南兖（yǎn）州刺史府主簿①,宗悫随他一道出镇广陵（今江苏扬州市）。一天,宗绮去府内处理公务,他手下的一名小吏牛泰与人私通。宗悫发现这件伤风败俗的事情后,立刻杀死牛泰,然后向宗绮投案自首。此事上报到刘义恭手里,他见宗悫小小年纪,就如此爱憎分明、伸张正义,非常欣赏,也就没有给他治罪,而且不久即任命他为江夏王国上将军。

宗悫少年时代"乘长风破万里浪"的远大志向与豪爽胸怀,成为他一生所走道路的良好开端。

---

① 主簿,古代掌管文书的官职,相当于现在的书记官或秘书长。

张仲景

【为了济世活人学医】

立志时龄：10岁左右

张仲景是东汉时一位大医学家，他出生在南阳涅阳县（今河南省邓州市穰东镇张寨村）。著有传世医典《伤寒杂病论》，人们把他尊称为"医圣"。

一天中午，涅阳上空乌云密布，一道炫目的闪电过后，响起了惊天动地的巨雷，紧随着，倾盆大雨下了起来……

到下午上学时分，雨势丝毫未减。仲景不顾家人的劝阻，仍然要赶去上学。母亲又是疼又是爱地为他戴上遮雨的斗笠，不安地看着他快步冲进雨幕。

仲景急匆匆地走到半道，突然，一股狂风刮来，掀掉了他头上的斗笠，他赶紧将书包护在怀里，弓着身子去追捡斗笠。等他从泥水中捡起斗笠重新戴上时，全身已淋得透湿。

仲景从喧嚣的狂风暴雨中冲入学堂,只见教室内静悄悄的,其他同学一个也没有来。仲景用手抹抹滴着水的头发,孤零零地坐在凳子上等候老师。老师没想到这种天气还会有学生来。看见仲景来了,大为感动。

就是这个小仲景,因为上学前就受过父亲的严格指教,所以入学的第一天,就能背诵发蒙①书,能写出工整漂亮的大字小字,令当场的同学们一个个瞪大了眼睛,又是惊奇,又是佩服。

就是这个小仲景,因为将一只小狗带到学堂,遭到了一顿训斥。但几位同学说,那小狗无人喂养,饿得跌跌倒倒的,仲景在路上发现了它,拿出干粮给它吃,它就跟随仲景来到学堂,撵也撵不走。

看着眼前浑身湿漉漉的仲景,老师一边回想起这些事儿,一边赶紧找来干衣服让仲景穿上。

这天下午,伴着风雨声,老师动情地为张仲景单独讲了一课。

仲景回家后,感到身子一阵阵发冷,晚饭也没有吃,就睡了。到了半夜,他全身滚烫,头痛得像要裂开似的,忍不住大声叫起来。父亲、母亲急得不得了,好不容易熬到天亮,便立刻打发大儿子去请同族长辈张伯祖。

张伯祖是当时南阳一带的名医,他诊病十分细心,用药往往有奇效,深受人们的尊敬。他赶到仲景家,问明了原因,摸了摸仲景的头,边切脉边说:"这病是淋雨后受寒所引起的,来得虽猛,吃了药后,去得也快。这小子平时壮如牛犊,这点病,

---

① 发蒙:启发蒙昧。旧时指儿童开始识字读书。

算得了什么？不要紧，不要紧！"

几句话，说得仲景父母都笑了。仲景听了，也顿觉轻松了一些。

送走张伯祖后，仲景母亲立刻派人按药方去买了药。才吃了两副药，仲景的病就好了，他又欢欢喜喜地去上学了。

不久，仲景结识了一位聪明伶俐的小伙伴，三年多来，两人好得像亲兄弟似的。但没料到，这位小伙伴得了一场疾病，喝了巫师的神水后，不仅不见好转，反而在一夜之间就死去了。仲景为小伙伴的死哭了又哭，他恨巫师骗人害人；他恨自己不懂医术，不能救回好朋友的生命。他暗暗发誓：我一定要学医，我要像外公嘱咐的那样去济世救人！

仲景变了，放学回家，他不再打闹了，往日喜爱的古琴也懒得弹了。吃过晚饭，饭碗一搁，他就一头钻进父亲的书房里，翻来翻去找书看。仲景闷着头，一连翻找了三个晚上，都没找到他要看的医书。正在气恼时，父亲走进书房，好言问道："仲景，你想看什么样的书？让我帮你找找。"

"孩儿想看医书。"仲景低声回答说。

父亲有些惊讶，他默默地打量着仲景，过了好一会儿才开口说道："我这里没有医书，但有记载古代神医扁鹊事迹的书。"说着，取过厚厚的一册书，翻开后递给仲景，"这是前朝太史公司马迁编写的史书，我用蔡侯纸抄录了一部分，你拿去读读吧！"父亲摸摸仲景的头，微笑着离开了。

仲景接过书，立即在油灯下浏览。翻到《扁鹊仓公列传》，他认认真真地读起来。

仲景沉浸在扁鹊、仓公治病救人的一个个动人的故事中。母亲催他睡觉，他应了两声，却依然手不释卷。父亲看到天太晚了，收了他手中的书，并答应明日再让他看，他这才极不情愿地去睡了。

仲景躺在床上久久不能入睡，睁眼闭眼，想到的都是扁鹊、仓公治病的情景。月亮的清辉透过窗棂，在床前缓缓移动；朦胧中，仲景似乎听到一个声音在轻轻地召唤他，有一个身影在频频地向他招手，那是扁鹊的声音！那是扁鹊的身影！他成了扁鹊的一名弟子，跟着扁鹊学医，随着扁鹊远游行医去了……

第二天，张伯祖送走了当天最后一位病人，正在门外纳凉，身后传来一声清亮而又亲热的呼唤："伯父，伯父！"

伯祖回头一看，见是侄儿张仲景，心中一喜，口里便逗乐似的说道："原来是你呀！看你气色极好，不像是来找我看病的，乖侄儿到此有何贵干啊？"

"想向伯父学医，求伯父一定收下我做徒儿。"仲景望着张伯祖的眼睛，直截了当地说。或许是话说得太急，他的脸都涨红了。

张伯祖一听仲景的话，又惊又喜。因为在同族的晚辈中，他很喜欢这位聪颖稳重、勤奋好学的侄儿。自己的子女都无意学医，以前虽也收过两个徒弟，但最终都不成器：一个嫌学医清苦，中途便弃医经商去了；另一个还未真正学成，就匆忙自立门户，行医找钱去了。如果有仲景这样的后生成为自己的传人，那真是求之不得啊！于是，他试探地问仲景："你为何要学医？"

仲景毫不迟疑地回答："为了济世活人！特别是读了扁鹊、仓公的故事后，我更想学医！"

听仲景说读过《扁鹊仓公列传》，伯祖心中又一喜，他起身走近仲景，继续试探："学医苦，要早起晚睡，要记数不清的药名、识别形形色色的药物。配制各种各样的药方。苦啊！"

"侄儿不怕苦！"

"行医更难，出诊要不分白天黑夜，不避雨雪风霜。缺药时，要入高山深谷采药；治病时，可能被病人传染；医不好时，又会遭人唾骂；医术过人，则可能被同行妒忌乃至暗算，难啊！"

"侄儿不怕难！"

"你要学医，你父母应不应允？"

"等伯父同意了，我就去请求父母。"

面对这个又机灵又有志气的孩子，伯祖捋（lǚ）须大笑，爽快地说："只要你父母答应，我就收下你这个徒儿！"

仲景听了这话，高兴得跳起来。

当天晚上，仲景对父母、兄长说出了学医的愿望。父亲叹了口气，说道：

"原指望你读书后有个一官半职，为国家效力，为祖宗增光。但现在朝廷中内讧（hòng）不断，官场十分险恶，这条路不走也好。知子莫若父啊！这些日子，你学医的心思我早看出来了。你已经十四五岁，诸子之书，读得不少了，也该学个一技之长了。你伯父医术高、人品好，我答应你拜他为师了。"

母亲、哥哥听了父亲这一席话，自然不会反对仲景学医了。

第二天，在父亲的陪伴下，张仲景恭敬地向张伯祖行了拜师之礼。伯祖乐呵呵地对仲景说：

"从今后，你既是我的侄儿，又是我的徒儿，我尽心地教，你就专心地学，望你这株医林幼苗早日长成参天大树！"

孙思邈

【立志成"药王"】

立志时龄：12岁

孙思邈（miǎo），京兆华原（今陕西铜川市耀州区）人，我国隋唐时代的医学家，著有《千金要方》，世称"药王"。

就在隋朝建立的那年，离西安不远的铜川耀州区孙家塬（yuán）的一户贫苦人家里，降生了一个孱（chán）弱的婴儿，他蹬着小腿有气无力地哭了两声，好像在告慰父母："我还活着。"这个先天不足的幼儿，就是孙思邈。他的父母非常疼爱这个可怜的孩子，不管家里多么困难，也想方设法弄到一些可口的东西喂养他。但孙思邈从小体弱，又接连生了几场大病，他父母为请医生，几乎耗尽了所有的家产。可是当时没有专门研究小儿疾病的医生，尽管花了那么多钱，医生换了一个又一个，孙思邈的病情还是没有好转。

后来，医生看到孙家再也拿不出钱来了，看病的态度就越来越冷淡，干脆说："这孩子没有指望了。"可是，孙思邈的父母一点儿也不灰心，在他们的精心照料下，孙思邈的病体竟然奇迹般地康复了，这使很多人感到惊讶。

孙思邈身体渐渐好起来，但两位老人由于日夜操劳，积劳成疾，先后患上了夜盲症和粗脖子病。父母患病后，其家境一天不如一天。幼小的孙思邈看在眼里，也和大人一样忧心忡忡。为此，孙思邈立志学医。

一天，父亲替财主做柜子，思邈在一旁学着安榫头①。

父亲问儿子："你长大了，干哪一行呢？"

思邈睁大眼睛望着爹爹："我也学爹爹，当木匠……不，我要当个医生，把您的夜盲症治好，把妈妈的大脖子病治好，把咱们村所有的病人都治好！"

父亲沉思了片刻："你想学医，就不能像我这样斗大的字识不了一筐。咱们家虽说已经很穷，但是我就是累弯腰，也要供你读书！明天，你就上学去。"

孙家塬的学校，设在村西边路旁的一孔大土窑洞里。一位老先生教几十个学生，设备很简陋。孙思邈学习十分刻苦用功，每天能背熟一千字的文章。先生见他虽然不大健康，但聪明好学，不但不要他的报酬，还常到县城里的同行中夸耀他收了个好学生。

孙思邈十二岁那年，随父亲到张七伯家做木匠活。张七伯

---

① 榫头：器具两部分利用凹凸相接法凸出的部分。凹下的那部分叫"卯眼"。榫，音 sǔn。

是一位采药种药的药农，院子里房间内到处都晾晒着药草。孙思邈好像进入了一个神奇的世界，他高兴极了，不停地问这问那，有时把经验丰富的张七伯也难住了，父亲见状连忙过来制止，可是孙思邈仍是一个劲儿地问个不停。张七伯不但不讨厌他，反而十分喜爱这个善问勤思的孩子，还邀请他今后要常来这儿玩。

初秋的一天清晨，群山沐浴在玫瑰色的霞光里。孙思邈头一次和张七伯拿着药锹，背着背篼，走进磐玉山东面的高山大岭采药。他俩惊走了觅食的山鸡、打盹的野兔，攀到人迹罕至之处。

孙思邈本来以为，采药像捉蜩蜩一样好玩，谁知是一项很辛苦的工作。把药材从千姿百态的野草中寻找出来，并不容易。要不是张七伯在一旁指点，他采得的必定是一背篼野草。张七伯却能从一些极不引人注意的乱石堆、草木丛里，寻找出需要的药材来。好像山中的草药，都是他亲自栽种的，要哪种，采哪种。

他俩爬到了一座石山顶上。张七伯瞧着脚下山崖数丈深处的一条石缝，惊喜地说："那儿有治咳嗽的特效药——贝母！它在咱们这一带是稀罕的。"

孙思邈愣了愣：山崖如刀削成、斧劈就一般的陡峭，除了松鼠，谁下得去呀！

张七伯毫不犹豫，放下背篼，取出两根绳子和一条小袋子。他将袋子系在脖子上；把绳子都拴在崖畔大树的根部，再把其中一根的另一端拴在自己腰间，攀着另一根下了石崖……

孙恩邈屏住呼吸，轻步向崖畔靠靠，伏下身来，两只眼睛紧紧地盯住七伯。哎呀，流云在七伯身旁翻滚，飞鸟在七伯脚下翱翔，再往下看，是黑茫茫的深沟，要是掉下去，一定会粉身碎骨，真危险！心，在胸膛里"扑通扑通"地跳起来……

张七伯将贝母装进袋子，兴冲冲地攀回到了崖上，孙思邈抹了抹满头的冷汗，掏出贝母。它有圆圆的鳞茎，有些像百合。他又问："是不是值钱的药材都长在石缝里？"

"不是的。山顶和山梁上，很少有值钱的药材。越是阴暗、潮湿、野兽不到的地方，越有稀奇古怪的植物在生长。要当采药人，就不能怕脚痛，要舍得走远路。"

"不过，对医生来说，药不在贵，只要对症。有些不惹眼的小草，也是有用的药材。"

孙思邈随手拔起一株约有一尺高，根长而微弯的小草："这是不是药材？"

"它是一种安神化痰药。名字就叫'小草'——真不响亮；可是，它还有一个极不寻常的名称：远志。"张七伯意味深长地说，"思邈，你也应该既当'小草'，又做'远志'呀！"

孙思邈思索了一阵，倏地站起来，说："七伯，您讲得对。我虽然是个平平常常的庄户人家的孩子，但是人穷志却不短，我要从小立下远大的志向！"

第二天，孙思邈要回家去。张七伯拿出一帙①书来，说："从这儿往北走四十里，是铜官县。我的舅舅是铜官县里最有名的医生。我年轻的时候也喜欢医学，这帙《黄帝内经》是他送给我的。可是，因为家中太穷了，我没法上学。如今虽说懂得一些药性，会用几个土方子，但识字不多。你把这书拿回家好好钻研。"

孙思邈接过书，作揖（yī）道谢，回到家经常翻看。一天

---

① 帙：书外面包着的套子，书一套叫一帙。帙，音 zhì。

放学时,老师把孙思邈留下,问:"你是不是想当医生呢?"

"弟子有这个打算。"

老师挠挠雪白的头发,长长地叹了一口气:"你是个聪明人,为什么有了最糊涂的念头,想吃那碗倒霉饭?对医生,我是尊重的,没有他们,无数的人会夭折。可是,如今的世界上,读书人都想谋一官半职,将做医生看成是低贱的事。当官的更加瞧不起医生,在他们眼里,医生和算命先生、巫婆、走江湖的是同一类的人。做医生,会断送你的锦绣前程!"

孙思邈说:"你老人家呕心沥血,使弟子从愚昧的顽童变成了略有知识的青年,弟子万分感激。不过,弟子不愿继续在您身边上学了。铜官县有个好医生,弟子想拜他为师学医。"

老师颓丧地坐在椅子上,白胡子颤抖着:"思邈,你已经读了那么多经书,又学得很精。我教书50年,没有遇到第二个像你这样有天资的学生。我一向认为你有远大的志向,将来会青云直上,使我脸上也有光彩。可是,今天……唉!你要是铁了心做医生,荣华富贵一定会落空的!"

"在弟子看来,今天这个世界上,官员本来就太多了,少一个对老百姓说不定倒有些好处;医德高尚的医生,实在太缺了呀!"说罢,孙思邈辞别而去。

在铜官县,孙思邈在新拜的师父指导下学习医学。孙思邈勤学好问,一年之后就出了师。回村后,正式在亲戚、邻居中行医。此后,他认真研究和总结民间医药经验,坚持为广大百姓治病解难。他以毕生的精力撰写的两部医学巨著《备急千金要方》和《千金翼方》,集古代和当时医药学之大成,为祖国的医学发展做出了杰出的贡献。

李时珍

【立下悬壶济世志】

立志时龄：七八岁

李时珍是明代蕲（qí）州（现在湖北蕲春县）人，著有《本草纲目》，是我国古代杰出的药物学家。

李时珍的父亲李言闻，是蕲州瓦硝坝一带有名望的医生。因为他懂得中草药，所以他家房子四周的园子里，庭院的花盆里，栽种着许多药草，一年四季开着各种各样的花，红的，黄的，蓝的，白的，好看极了。七八岁的李时珍很爱这些花草，还常常跟在父母亲身后，给这些花草浇水培土。

李时珍从小就是一个喜欢追求知识的孩子，他经常一边浇水培土一边问："妈妈，这是什么花？"

"这是牵牛。"母亲告诉他。

"啊，牵牛。"李时珍重复一遍，记住了。

"爸爸,这是什么花?"

"这是芍药。"父亲告诉他。

"啊,芍药。"李时珍重复一遍,又记住了。

就这样,李时珍不但认识了许多药草,还懂得了这样一个道理:世上的许多花草,原来是可以做药用给人治病的呀!

蕲州城北是一片灌木丛生的原野,由于父亲常带时珍到那里采药,自然就成了他非常喜爱的一个地方。每次出去,他都要向父亲问这问那,这叫什么草呀,那叫什么花呀,这种花能吃吗?哪种又是最好吃的呀。有时,他还自己领上一帮小孩子到那里玩,把父亲讲给他的知识再讲给小朋友们听。有趣的是,他还发动小朋友们去采摘黄色的"滴滴金",采到后就放到嘴里大嚼起来,哎——还真有点咸滋滋的味儿呢!

小孩子家难免贪玩,有时回家晚了,母亲便开始责备、训斥。父亲看到耷拉着脑袋的儿子手里还捏着一把什么花草,就假装严厉地对小时珍说:"来,把你今天弄到的宝贝拿来让我瞧瞧,我今天倒要考考你,答得不对,明天可不准出去啦!"时珍睁大眼睛看着父亲抽出的一棵花草,"说说看,这六个花瓣的小红花是什么?"

儿子答对了,父亲笑了。于是再换一棵,这回时珍答不上来了:"爸爸,你没有告诉过我,你说……"

于是父亲开始耐心地给儿子讲起这棵花草来了,它叫什么名字,花叶有什么特征。小时珍对着那棵花草,看了又看,嘴里还念叨着那花草的名字,刚才挨母亲训斥的事儿早就忘光了。

李言闻在隔壁一个名叫玄妙观的道观里行医,不久他就把儿子带到诊室，亲自教他念书。

李时珍念书的桌子，就放在父亲看病的桌子的旁边。他跟他父亲读了好几年书，所受到的教育，并不完全是从书本里得来的，很多都是从他父亲看病的桌子旁边看到的。

李言闻是一个关心劳动人民疾苦的好医生。他给人看病，从不计较诊费。

那时，人民生活很苦，穷人平时挣碗饭吃，已经很艰难，遇到生病，那就更不得了。官家在城里办了个惠民药局，说是给人看病不要钱，其实是一个摆样子的机关。里面没有专人负责，十天倒有七八天把大门关起来。穷人生病，自然而然地就只有来找像李言闻这样的医生了。

这些穷苦的病人，害的又多半是重病。他们有的被背了来，有的被抬了来，进门时，神气都很愁苦焦急。李言闻接待他们时，脸上永远是笑嘻嘻的。他们看见医生这样和蔼可亲，马上就添出了许多勇气，本来愁苦的，开了笑脸；本来急躁的，也安静下来了。

他们把自己的痛苦一桩桩地讲给医生听。

这个说："李大夫啊，我呕吐了一夜……"

那个说："李大夫啊，我的胸口胀得慌……"

李言闻拿三个指头替他们诊脉，一面笑嘻嘻地回答他们的问话。

这些穷苦病人在看过了病告辞的时候，脸上大都露出了十分不好意思和难过的神气。因为他们知道这位医生的生活并不宽裕，就靠几个诊费养家活口，而他们实在拿不出多少钱。

每当病人散尽，李时珍偷眼看他父亲拉开面前的抽屉，检点一天的收入，总要微微地叹一口气。他就知道今天的收入很少，有点替他父亲难过。可是看他父亲叹了一口气之后，马上就恢复了原来高兴的神气，似乎并不认为这是什么了不起的事，于是他也高兴了。他觉得这时的父亲比任何时候都更可爱了。

李时珍自己平时到城里城外去走动，也总感觉到人们对他很亲热。他爬到渔船上去玩，或者在人家的菜园子里跑来跑去，人家都不讨厌他。有时遇到不相识的人打听他是谁家的孩子，立刻就有人用异样的音调说："李言闻家的。"对方也马上现出了注意的神气，把他上下打量着，好像他是一个不平常的孩子一样。他渐渐懂得，他这是在分享着他父亲的荣誉。

有一天，李时珍跟他父亲、母亲在一块吃午饭，母亲端出一碗煮南瓜来。李时珍知道这个南瓜是早上一个穷苦病人带来送给他父亲的。

李言闻吃时连连称赞："好吃！好吃！这是一个老南瓜。"

李时珍的母亲因为李言闻平日不计较诊费，把家里的生活弄得很为难，一向不大满意。她的脾气虽然温和，这时却忍耐不住了，愤愤地说："好吃你就多吃一点吧！也没有看见过像你这样做医生的，看病不要钱，拿一个南瓜就算！"

李言闻笑笑，不分辩。

李时珍突然站起来，走向母亲，说："不，妈妈！这里街坊上住的穷苦人都说爸爸是好人！……"

"我不知道？要你说！"他母亲说了这么一句，就坐下来吃饭，不开口了。

李时珍又走向父亲，绷紧了小脸说："爸爸，我要同你一样！"

李言闻笑笑说："同我一样？"他伸出两个指头，做着诊脉的姿势，说："干这个吗？"

李时珍点点头。

李言闻放下筷子，用两只手把儿子拉近身边，望了他一眼，又摇了一摇头，说："不对，时珍！现在这个世道，做医生是很苦的，有身份的人哪个也不肯干这一行。你还小，不知道。……"

他看见儿子的脸上依旧流露着倔强的神气，就用更温和的声音说："你要听爸爸的话，好好地念书。等你大了，爸爸送你去应朝廷的考试。这医生不是你干的。"

李时珍难过地低下头去，他不知道该怎么同父亲解释才对，可是他那小小的脑子里却已有了一个坚定的念头。他咬紧牙齿，暗暗地说："不！不！不！我一定要做医生，一定要同爸爸一样！"

可是，爸爸并不教李时珍读医书。书架上放着的许多医书，李时珍很想让父亲教他读一读。但提了几次要求，父亲都没有答应。于是，李时珍拿定了自己学的主意。

父亲在诊断室给病人看病时，李时珍便坐在旁边，留心地观察父亲给病人看病的情形。父亲讲的每一句话，他都仔细地听着，记下来。事后，他又找一个恰当的机会，从书架上拿下医书对照着读，认真地领会。而且，每天天还没有大亮，他就悄悄地爬起来，趁父亲还没有起床，从书架上拿下一本医书，匆匆赶到玄妙观里去读。有时去得太早了,庙门还没有开,他就坐在门槛上,借着熹(xī)微的晨光专心读起来。

少年李时珍就这样刻苦地攻读着医书。成年以后,李时珍更是用他全部的精力从事祖国的医学事业,终于成了我国古代著名的药物学家。他的著作《本草纲目》,搜集药物一千八百九十二种,绘制各种植物矿物插图一千一百六十幅,先后被译成日文、德文、法文、英文、俄文,传到世界各地,被人们称为"东方医学巨典"。

徐霞客

【立志游天下】

立志时龄：十来岁

明朝末年，有一位伟大的地理学家——徐霞客。徐霞客原名弘祖，1587年1月5日，生于江苏省江阴市南边的一个小村庄。他立志于考察和描绘祖国的壮丽山川，一生历尽艰辛，与长风为伍，与云雾做伴，踏遍大半个中国的山山水水，用毕生心血写成了一本叫《徐霞客游记》的"奇书"，为我国科学事业做出了重大贡献。

徐霞客的父亲徐有勉，是一个洁身自好的正直的人，在明末政治日益腐败，内外危机深重的情况下，他对科举和做官不感兴趣，以居家治圃①为乐。他喜欢自然山水，除了在居处的空地上

---

① 治圃：指营造、养护园林。

构置"怪石伟木"之外,空闲时还常带三五家僮往来于苏杭之间,在那里观赏湖光山色,品赏冷泉新茗,襟怀开朗,怡然自得。

徐霞客的母亲是个目光远大、能力很强的妇女。她性格开朗,勤劳持家,明白事理。她很喜欢种篱豆,每年在庭院里牵绳搭架,让篱豆爬得又高又远,绿荫满院,豆实累累。她常在豆棚架的绿荫下,一边纺纱一边教导儿子。

徐霞客自幼聪明伶俐,三四岁时就跟着母亲识了一些字,五六岁已经能看几段小文章,并且很快就可以把它背出来,八岁那年,父亲将他送到附近的一所私塾去读书。

徐霞客天分极高,记忆力强,老师教他念的书,很快就能熟背,还能写一手漂亮的字,经常受到老师的夸奖。可是,那些枯燥无味的经书,比如《大学》《中庸》,不能引起小徐霞客真正的兴趣,他自幼喜欢读历史、地理和游记一类的书籍。这也许是父亲的兴趣爱好对他的潜移默化吧。

一天,他从书架上看到一本《山海经》,这本书有趣极了,不仅讲了各地山脉河流,鸟兽虫鱼,人情风土,还有许多神话故事,小徐霞客一下子被迷住了。

从这以后,他不断拿父亲书架上的书来看,地方志、名人轶事、金石碑文。书本当中,新鲜的故事层出不穷,什么夸父追日啦,大禹治水啦,张骞出使西域啦,玄奘西天取经啦,以及本朝三保太监郑和七下西洋啦……小徐霞客心里很羡慕:这些人真了不起,他们跑过多少路,翻过多少高山,跨过多少江河,看到多少奇丽的景色呵!几时自己也能像他们一样周游天下呢?

小徐霞客不但爱读书,他还有个记笔记、随感的好习惯。

他总是一边看书，一边还记下许多内容：五岳为什么这样高？泰山为什么那样神秘？华山果真"高五千仞、广十里、鸟兽莫居"？他向往有一天亲临其境，揭开这许多谜。

随着年岁的增长，小徐霞客的知识越来越丰富了。在阅读过程中，他逐渐形成了自己对于古人的评价标准。有一次，徐霞客读了《陶水监传》。读后，他很不满意陶水监这个人，暗暗想道：陶水监只在一些无名的小山中打打转，听听松涛的声音就心满意足了。后来，他在书中看到东汉严子陵说的一段话："天下有九州，我跑过了其中的八个州；神州有五岳，我登上了其中的四座。"徐霞客看了，不禁精神振奋，大声称赞道："对啊，男子汉大丈夫就要有这样的雄心壮志！早晨还面对着蔚蓝色的大海，晚上就已经登上了雄伟摩天的苍梧高山。日后，我一定要遍涉九州登极五岳，亲眼看一看赤县神州究竟有多大，有多少好山好水！"

一天，徐霞客在书房里向父亲吐露了自己的志向。父亲高兴地鼓励他："有志者事竟成！你有这志气将来一定能成功！"

从此以后，父亲主动把一些介绍名山大川的书给他看，还将自己游览过的名胜古迹、奇人奇事讲给他听，使小徐霞客对旅游产生了更强烈的愿望。

这年，徐霞客和几个同学到江阴县城参加考试。到了县城，才知道考试要延期一月。纨绔子弟趁机走街串巷，看戏赌博。徐霞客却约了几个同学，游览江阴的名胜古迹。

他们游览了县城的东岳庙，庙前有一座牌坊，叫飞驻跸[①]，

---

① 驻跸：帝王出行的车驾。跸，音 bì。

是为纪念明太祖朱元璋到此而建造的。殿下的春申君墓、山巅的无梁殿，也都被徐霞客和同学们跑遍了。最令徐霞客高兴的是游山北的望江楼。那里地处长江咽喉部位，是历史上的江防要塞，兵家必争之地，登上望江楼，浩浩荡荡的大江尽入眼底，徐霞客和同学们感到心旷神怡，无比舒畅。

随后，他们又游览了黄山、彭公山、蟠龙山、凤凰山……每到一处，都请当地老人讲述有关的传说故事。

徐霞客的文章和诗虽然都写得很好，但他酷爱旅游，"学业"渐渐荒废。发榜出来，他名落孙山。

亲友中有人看到这种情形，对徐霞客的父亲说："这孩子聪明，就是不入正道。可惜了！"但父亲不那样看，他说："人各有志，不可强求，徐霞客志在山水间，这是追求功名的人无法理解的。"

从此，徐霞客更是一头钻进"闲书"堆里。他涉猎的知识十分广泛，文学、历史、地理、风土人情、山海图经……无所不读。渐渐地，他的知识更为渊博，对别人提出的各种问题都能对答如流。因此，人们给他取了个"博雅君子"的称号。

徐霞客18岁那年，父亲遇盗受了重伤。徐霞客和母亲精心护理，让他服用了许多汤药，但病情不见好转。第二年，父亲离开了人世。

父亲去世后，外边的欺压、凌辱不断地到来。甚至有些过去同父亲经常来往的人，也不把徐霞客的母亲和他们三个兄弟当人看，这给徐霞客以沉重的打击，使他看透了人与人关系的冷酷。徐霞客不愿去考科举功名，他更坚定了自己的志向：以毕生精力考察神州的大好河山。

那时候,徐霞客的母亲已经是个六十开外的老人了,徐霞客不忍心远离年迈的母亲。因此,他虽然继续阅读历史、地理方面的书籍,积极为旅游考察做好准备,但一直没有对母亲提起出外游览考察的事。有时候话到嘴边,又把它吞了下去。

母亲毕竟是最了解儿子的,她早就看出了徐霞客的心思。母亲是个通情达理的人,不像当时一般的老年人,总希望儿孙们留在自己身边,不让他们远走高飞。她感到,儿子已是20岁的人了,不能老让他蹲在家里,应该让他到外边去见见世面,开开眼界了。当时,母亲和徐霞客住在一起,她承担了一切家务,不用徐霞客操心。她还不断鼓励徐霞客:"志在四方,这才是男子汉的正事。怎么能因为我年纪大,就影响了你的前程,使你留恋家乡,像圈在竹篱笆里的小鸡,套在车辕上的小马那样呢?"

经过母亲恳切的劝说,徐霞客决定把长久藏在心中的计划付诸行动。

母亲为了鼓励徐霞客第一次登上旅途,亲手准备行装,还学古人做了一顶远游冠,以壮行色①。

为了实现自己的抱负,徐霞客辞别了母亲,向东南百里的太湖进发,开始了他的第一次游历。

---

① 行色:行旅出发前后的情状、气派。

桑弘羊

【洛阳少年志在千里】

立志时龄：13岁

桑弘羊是汉朝有名的政治家和理财家。他协助汉武帝治理国家，在财政经济上施行了不少改革举措，取得了显著的成果。他的活动为汉朝的繁荣强盛做出了很大贡献，对后代也产生了极大的影响。

西汉时期的洛阳，是一个繁华的商业城市，城里住着许许多多的富商大贾。这一天，世代经商的桑家，好像遇上了什么大喜事，悬灯结彩，贺客盈门，分外热闹。

原来，桑家的孩子，十三岁的桑弘羊，经过洛阳官府的推荐和朝廷的选拔，要动身到京都长安（今陕西省西安市）去，担任侍中的官职了。

侍中是紧跟皇帝左右的随从，虽然官职不高，但由于日夜同皇帝相处在一起,很容易得到赏识和提拔。桑弘羊这样年轻,就谋得了这么个好差使,谁不打心底感到羡慕啊!

桑弘羊从小聪明好学,机敏过人,不仅知书达理,而且还擅长经商之术。他时常跟着父亲外出做买卖,对父亲的一举一动,都能用心揣摩。日子一长,耳濡目染,小小年纪的桑弘羊谈起生意经来,却也头头是道。就连那些跟他父亲同辈的经验丰富的大商人,也都钦佩不已。

在人们的赞扬声中,桑弘羊一天天长大,他不仅越来越有才干,而且目光远大,见识也与众不同了。他并不像一般商人那样看重钱财。对那些欺诈哄骗,唯利是图的奸商,更是深恶痛绝。当时在洛阳最著名的商人,要数战时的白圭和本朝的师史。他俩家有万金,富可敌国。可桑弘羊却觉得这算不了什么!鸿鹄高飞,志在千里;他认为为国家理财,才是真正的事业!

知子莫如父,当父亲的最了解儿子。因此在朝廷挑选侍中的人选时,他积极活动,多方奔走,为儿子谋求这一职务。桑弘羊也算争气,果然被选拔的官员看中了。喜讯传来,全家怎么不欢欣鼓舞,兴高采烈呢!

欢送的酒宴结束后,桑弘羊穿上了崭新的衣裳,父亲又把一块璀璨夺目的宝玉,佩戴在他的胸前。经过这一番打扮,本来就眉清目秀、相貌出众的桑弘羊,就更显得光彩照人,气度不凡了。

一辆由四匹白马拉着的华丽马车,已经停候在桑府大门外。父亲陪着桑弘羊上了车,他要亲自送儿子到京都去。

"嘟——驾！"赶车的鞭子一甩，一声吆喝，马车便朝着西方疾驰而去，后边扬起了滚滚尘埃。

桑弘羊忙从车窗里探出头来，望着伫立在家门前的母亲和兄弟姐妹，依依的惜别之情不觉油然而生。他毕竟是第一次远离家门啊！但一想到展现在自己面前的锦绣前程，脸上又开始绽出了笑容。

桑弘羊来到长安的这一年，是公元前141年。刚刚碰上汉景帝刘启逝世，太子刘彻即位，他就是历史上赫赫有名的汉武帝。

早晨的太阳，把雄伟壮丽的未央宫抹上了一片金辉。随着阵阵清越的钟鼓之声，早朝开始了。年轻的汉武帝高坐在御座上，接见了刚到长安的桑弘羊。

"臣桑弘羊叩见陛下，愿陛下万岁，万万岁！"桑弘羊跪伏在地，带着朗朗的童音，高声说道。

初上金殿，朝见皇上的人，难免诚惶诚恐，局促不安。年纪小小的桑弘羊却与众不同，显得不亢不卑，镇定自若。使得武帝暗暗称奇，一开始就对这位小侍中产生了好感。

侍中的任务是料理皇帝的日常生活事务，如替皇帝掌管玉玺、宝剑、车马、衣服等等。在宫里常立皇帝身边，出门时跟随皇帝左右。没多久，桑弘羊便成了汉武帝最宠信的侍中之一。但是桑弘羊并不以此为满足，他从小就有好学的习惯，因此一有空，他就如饥似渴地读书。

其实，守候在皇上的身边，也是一个很好的学习机会。每当汉武帝和大臣们商量国家大事的时候，他就像当年跟父亲经商时一样，一边留心倾听，一边仔细琢磨。时间一长，对于治国之道，他也有了自己独到的见解。

汉武帝即位后，雄心勃勃，很想干一番事业，那时候，他的祖母窦太后和丞相田蚡（fén）也死了，汉武帝从此总揽朝政，再也不受别人的牵制了。桑弘羊呢，自然为皇上感到由衷的高兴。

一天，汉武帝退朝之后，发现桑弘羊正在全神贯注地看书，便轻轻地走到他的身边问：

"你在读什么书呀，这么用心？"

"启奏皇上，臣在读《管子》一书。"桑弘羊看见皇上，连忙把书双手递上。

汉武帝含笑说："怎么，你对管子的学说也感兴趣？"

"臣平生最敬慕的有两个人，管子是其中的一个。他善于理财，长于治国，辅佐齐桓公九合诸侯，一统天下，终使齐国首霸诸侯，称雄于世……"

桑弘羊讲到这里停了一下，有点不好意思地接着说："再说，管子也同微臣一样，出身商人之家，因此臣一直将他作为楷模！"

"哈哈！看来你的志向不小啊！莫非你也想当朕的管仲吗？"

"不敢，不敢！陛下自是明君，微臣哪敢与管仲相比啊！"

"那么，你说的另一位又是谁呢？"汉武帝饶有兴趣地追问。

"战国时的商鞅，立法度，明刑罚，整饬（chì）政策，使奸伪无所容身，秦国因而大治，最后灭六国而成帝业。现在国家需要的，正是像管仲和商鞅这样的贤臣啊！"汉武帝听了，喜形于色。管仲和商鞅也正是他所仰慕的人物。现在自己要大治天下，所缺少的不就是这样的贤才吗？想不到这个朝夕相处的小小侍中，竟一语道中了他的心思。汉武帝忍不住又看了看桑弘羊，仿佛这是平生第一次才认识他似的。

十几年以后，汉武帝大胆提拔，让桑弘羊参加管理国家的财政。桑弘羊少年志向得以实现。他对货币、盐、铁的管理和生产也进行了改革，使汉朝的财政收入大大增加，全国各地的贸易也活跃起来了。

张衡

【立志博学】

立志时龄：15岁

张衡，字平子，出生于公元78年，南阳西鄂（今河南南阳市南）人。他学问博大精深，才华超众，早在一千九百年前，他就以发明浑天仪、候风仪和地动仪而成为世界闻名的天文学家。

常言说"从小看大"。张衡之所以在钻研自然科学的道路上，取得如此大的成就，为人类做出那么大的贡献，就在于他从小就很有志气，而且志气很高，一定要有出息、有学问。

东汉年间，南阳市有个叫石桥镇的地方，张衡就出生在这个镇上。

张衡的祖父张堪做过蜀郡太守，为官清廉，没给他留下多少财富。加之父亲过早去世，在他的幼年时期，家境就已经败落，主要靠亲戚、朋友们的资助过活。也许正是这种清贫的生活，极大地激发了小张衡刻苦求学的精神。到他十岁那年，他已经熟读了《四书》《五经》，也喜欢文学，如《诗经》《楚辞》等。但更能使他产生兴趣的，却是有关自然科学方面的书。故当时就有人称赞他是"焉所不学，亦何不师"，意思是说，没有他不想学的学问，也没有他不想请教的老师。

有一天，他和两个同学进城游玩，看见一个打铁的，每台炉旁虽然都有好几个风箱，但没有人拉，风却很大，把炉火吹得红光闪烁。他想，风是从哪里来的呢？他顺风查看，终于发现铁炉紧靠一条河，名叫白河，人们在河中筑坝拦水，提高水位，使水流变急；急流中有个水轮，被流水冲得转个不停；水轮上有齿轮，连动别的机体，带动一根铁杆，一来一回地拉动风箱。这种用水的力量带动齿轮的神奇情景，深深地印在了他的脑海中。

又有一天，他在书馆里读书，发现一本诗集上，有四句关于北斗星的话，便好奇地记了下来：

斗柄指东，天下皆春。

斗柄指南，天下皆夏。

斗柄指西，天下皆秋。

斗柄指北，天下皆冬。

还是跟奶奶学儿歌的时候，张衡就学会了辨认北斗星。现在细细回味书上关于北斗星的四句话，他忽地悟出，这是北斗星的变化规律：北斗星因季节的变化不停地运转，在不同的季节，斗柄就指着不同的方向。

张衡根据这一发现，绘制了一张图，每逢晴朗的夜晚，他便眼望天空，对照图中所述，仔细观察，从不间断。天长日久，他又发现，北斗星是围绕一个小星转动的，这个小星就叫北极星。

北斗星每年转一圈，季节变化一遍，即使在同一个季节里，北斗星的位置也不同。例如早春时北斗指向东北，晚春时则指向东南。

由于张衡苦读好学，勤于钻研，到十五岁时，便成了南阳远近闻名的小才子。但是，他一点也不满足，他要到书多、有学问的人多的地方去学习，要到名山大川去游览，这在古时候叫"游学"。

有些好心的人听说他要出门到外地去，就劝他："你在咱们这里已经是有学问的人了，将来前程准错不了，何苦还要到外边去受累呀！"

张衡回答说："天下大得很，学问也多得很，我学的东西太少了，怎么敢说自己有学问呢？"

张衡决定去二京游学。二京是长安和洛阳的合称。因为长安是西汉王朝的都城，洛阳是东汉王朝的都城。所以，当时的人们称它们为"二京"。

这一年，张衡告别家乡，沿着一条古老的通道，向西到长安去。

一路上，张衡看到了号称八百里秦川的关中平原，游览了高大的秦始皇陵和西汉帝王陵墓。望着这一望无际的平川和历史遗留下的古迹，张衡心潮起伏，感慨万千。

张衡在长安停留了一年，他四处拜访有学问的人，听老人讲历史故事，看商人们做生意，观察老百姓的日常生活。张衡把听到和看到的事，都记了下来。

沿着黄河，张衡又来到了洛阳，通过朋友的介绍，他参观了全国最高学府"太学"，并且在这里读了许多文学、哲学和自然科学的书籍。他还争分夺秒地四处拜访名师，请他们解答疑难问题。可是，名师大儒并不是很容易就能见到的，常常会碰钉子，但张衡并不气馁，能见到的，他就虚心向他们求教；不能见到的，他就到他们的弟子那里讨教。

张衡的家境并不富裕，对他来讲，在京师长时间游学并不是一件容易的事，为此，他付出了艰苦的努力。在寒冷的冬季，北风呼啸，滴水成冰，他仍在读书；在炎热的夏季，蚊虫飞舞，叮咬着他的身躯，他仍在读书。有时，吃了上顿没下顿，饥肠辘辘，他仍在读书。总之，为了求学读书，张衡经受了别人难以忍受的苦痛。

"天将要把重大任务落到某人身上，一定先要苦恼他的心意，劳动他的筋骨，饥饿他的肠胃，穷困他的身子。他的每一行为总是不能如意，这样，便可以震动他的心意，坚韧他的性情，增加他的能力了。"正是在这样的信念支持下，张衡度过了无数个漫长的春夏秋冬。"功夫不负有心人"，通过在洛阳的学习，张衡达到了"通五经，贯六艺"的地步。五经，是指《诗》《书》《礼》《易》《春秋》；六艺，是指礼、乐、射、御、书、数。而太学里的太学生们到毕业的时候，也只不过是通一经一艺罢了。

张衡在洛阳的另一个收获是结交了许多有学问的人。他们有的擅长音乐，有的会写文章，有的懂得各类知识。张衡恨不得把他们的学问都学到手。

崔瑗（yuàn）是张衡的朋友，他们在一块儿无话不谈。崔瑗见张衡性格温和，聪敏好学，就把自己在天文、历法、数学等方面的体会，全都告诉了他。张衡受了崔瑗的影响，也开始对天文、历法等科学发生了兴趣。

有一天，崔瑗一大早去找张衡。他以为张衡准还没起床，没想到一进屋，就看见张衡已经在书案前认真读书了。

崔瑗笑着问张衡:"平子(张衡的字)真勤快呀,这么早就读书了。"

"昨晚有个问题没弄懂,直到刚才才弄明白。"张衡回答说。

"什么,你一夜没睡?"崔瑗吃惊地问。

时间长了,崔瑗就知道了,张衡对自己不懂的东西,不论怎样,一定要弄清楚才肯罢休。他向别人称赞张衡说:"平子做起学问来,就像江水日夜奔流一样,片刻不停啊!"

张衡勤奋好学,很快成了洛阳城里有名气的人。有一天,南刚太守派人来见张衡说:"久闻先生有才气,太守准备向朝廷保荐您,不知您的意见如何?"

"谢太守好意,我现在没有做官的打算,请回吧。"张衡摆摆手说。

官府人转身回去了,他边走边嘀咕:"别人想当官还没门呐,这人竟放着官不做。"

于是,有人就去问张衡:"先生有做官的机会不去,不觉得可惜吗?"

"不做官有什么要紧?要紧的是修养品德,研究学问。"张衡微笑着说。

后来,官府又几次派人请张衡去做官,都被他谢绝了。

由于张衡从小有志气,勤学习,肯钻研,后来的发明创造可多啦,在文学、哲学、地理学、数学等方面,也有重大贡献。不但在中国历史,就算放到世界历史上,他也是数得着的多才多艺、全面发展的杰出人物。

祖冲之

【我要弄清天地的秘密】

立志时龄：十来岁

祖冲之生于一千五百多年前，是我国古代著名的科学家。他经过长期的精密观测和计算，又核对古代天文历法的资料，改革了当时的历法，制订了比较符合天象的"大明历"。

公元438年的某一天，南北朝时期宋代的建康（今南京），在一家姓祖的官员家中，不断传来了咒骂声和号啕大哭声。只见一个中年男人左手叉腰，右手挥舞着竹鞭，说："我早就告诉你了，读了经书才能做官，发财致富，光宗耀祖。你这也不懂吗？"

听了这话，一个十来岁的小孩似乎终于忍不住了，愤愤地说："这经书我不读了！"说完，将一本书往地上一抛，转过脸走了。

中年人一股热气往上涌，脸上涨得通红，全身发抖，甩手又是一鞭,打在小孩的脸上。小孩脸上立刻显出一道深红的血印,号啕大哭起来。

小孩尖厉的哭声,引来了一个老头。中年人见老头进来,那一副凶相很快收敛了起来,喃喃地说:"我们祖家怎么会生出这样的笨蛋呢?"

老者气愤地对中年说:"如果祖家真出了一个笨蛋,你狠打一顿,他就会变聪明吗?"一边说话一边给小孩揩眼泪,并搀着他走出了客厅。

这个挨打的小孩就是祖冲之。那个中年人是他父亲祖朔之,那个老头便是他祖父祖昌。

原来,祖冲之的父亲祖朔之,这天到一个朋友家聚会,这个朋友的十三岁的小孩,就已能顺畅地读完《论语》了,很使人羡慕。祖朔之不禁想起了自己的儿子来。他心里在说,"我家冲之怎么这样笨啊!"

他的儿子祖冲之,这时快十岁了。他教祖冲之读《论语》,读了一段,就叫他背诵一段。这样教了两个月,祖冲之只能背诵十来句,气得祖朔之眼里冒火,口里不断骂些"笨蛋""蠢牛""没出息"之类的脏话,实在气不过了,又拿起竹鞭打了过去……

祖冲之的祖父祖昌,当时的官职是大匠卿,这是主管建筑工程的最高长官,在政府中有相当地位。祖昌为了让挨打的孙子散一散心,第二天清早,便带祖冲之一起外出去工地考察去了。

以前,祖冲之在自己家里,每天看到的是墙壁、院子,看不到墙外的世界。他偶尔也上过几回街,可是坐在车子里,望着两旁狭窄的道路,也看不到什么东西。今天,他大开眼界了:

河流、田野、工地、村庄、山头……他感到一切都很新鲜。

爷爷要到下一个工地去，由于路途遥远、行走不便，便把祖冲之托付给了这个小村庄的一位可靠的老人家——石爷爷。石爷爷把祖冲之介绍给了一群农村孩子。这些孩子和祖冲之差不多大小，可是他们的本领却比祖冲之大得多。他们会爬树、游水、划船，他们认识许多农作物、树木、花草。祖冲之看到那肚子鼓鼓的大水牛，两只粗粗的弯角，吓得赶快逃开，不敢靠近，而这些农村小孩却能骑到牛背上去。

和农村孩子玩了大半天，祖冲之感到非常愉快，学到的东西也很多。直到石爷爷领他去吃饭，他才依依不舍地和小朋友们告别。

晚上，他又和农村孩子们一起在场地上乘凉。天上星星闪烁，祖冲之看来，这些星星是很杂乱无章地散布着的；而农村孩子却能根据一颗星和其他星的相互位置关系，叫出这个星的名称：这是"牛郎"、这是"织女"、那是"喜鹊"……

"你看"，一个孩子指给祖冲之看，"那边有七颗比较亮的星，一、二、三、四、五、六、七。这七颗星连起来，像一只舀水的勺子，也像一只熨斗，叫做'北斗七星'。"

渐渐地，祖冲之与这群孩子玩得很熟悉了，也能互相讨论一些事情。有一天，祖冲之又和他们一起在夜幕下看星的时候，忽然想起了一个问题："今天怎么没有月亮呢？"

一个孩子问："今天是哪一天？"

"六月二十二。"祖冲之答道。

"二十二，月亮要到半夜里才能看得到。"

"你怎么知道？"

"我爸爸告诉我的。他们做惯了早工和夜工，哪一天有月亮什么时候见到，是什么样子，都知道，还编成'顺口溜'：初一看不见，初二一条线，初三、初四镰刀月，初七、初八月半边。一天更比一天胖，直到十五月团圆。十七、十八月迟出，廿二半夜见半圆。一天更比一天瘦，廿九、三十月难见。"

当父亲骂他笨蛋的时候，祖冲之心里不服，不承认自己笨，而现在在这群农村孩子面前，他不得不承认自己笨了。其实，祖冲之不是笨，而是因为他被关在房子里不出门，见闻太少了。

爷爷要返回京城了，祖冲之恋恋不舍地告别了这群小朋友。在坐马车回建康的路上，祖冲之问爷爷祖昌："爷爷，月亮为什么有圆缺的变化呢？"

祖昌摸摸祖冲之的头，笑道："孩子，看来你对经书不感兴趣，对天文却是用心钻研的。你知道我搞的是建筑工程，对天文懂得不多呀。这样吧，爷爷有一个懂天文的朋友何承天爷爷，我可以带你去问他。"

何承天这时七十多岁了，满头白发，牙齿也掉了几颗，精力却仍然旺盛。他听了祖昌的介绍，把十多岁的祖冲之拉到身边，含笑对他说："我的好孩子，天文这东西，懂一点可以，深入钻研却不值得。这事很辛苦，可是既不能升官发财，又不能荣华高贵。你为什么要去钻研这个？"

祖冲之答道："我不求升官发财和荣华富贵，只想弄清天地的秘密。"

"天地的秘密？"何承天慢慢地点着头，思考了一会儿，笑道:"你倒想得很容易嘛。我问你,有一天,月亮掩盖了天空的一颗大星星,你说这表示什么?"

"月亮在天空运行,一会儿遇上这颗星,一会儿遇到那颗星,这说明了月亮有自己的运行路线。"

"可是有人说,这是'天意',说明有个将军快要死了。"

祖冲之听了,感到迷惑不解,他望望爷爷,祖昌含笑不说话。

"后来,过了几个月,果然有一个将军死了。"何承天说。

祖冲之红了脸,他说:"何爷爷,我们朝有许多将军,每年总可能死掉一两个将军,这跟月亮有什么关系呢?天文书里常说天上的星象预告人间的祸福,我和我爷爷都不相信,何爷爷还会相信这一套?"

何承天哈哈大笑,对祖昌说:"大匠卿,你这个孙子志气不小!"接着,又拍拍祖冲之的肩膀:"孩子,你不求富贵,不信'天命',想弄清天地的秘密,有这样的大志向,是有出息的。可是,天地的秘密,不是容易弄清楚的,须要一辈子下苦功。"

说到这里,何承天很有感慨地望着祖昌说道:"我跟我舅父观测天象的时候,比这孩子还小。后来舅父死了,我就自己进行观测,前后四十多年。现在老了,对日月星辰运行的规律,大体上知道一点,可是,还有许多秘密没有弄清。不过,钻研越深,了解越多,就有更充分的理由去驳斥什么'天意''天命''至诚感天'那一套!孩子,你可要下苦功夫啊!"

祖冲之望着两位老人,使劲点了点头。接着,何承天回答了祖冲之的许多问题,并收下了这个小徒弟,祖冲之开始向天文学进军了……

诸葛亮

【志存高远】

立志时龄：14岁

诸葛亮，字孔明，号卧龙，徐州琅琊阳都（今山东临沂市沂南县）人，三国时期蜀汉丞相，杰出的政治家、军事家、散文家、书法家、发明家。诸葛亮一生"鞠躬尽瘁、死而后已"，是中国传统文化中忠臣与智者的代表人物。

诸葛亮是三国蜀汉政治家、军事家。他生于汉灵帝光和四年（181），这时汉王朝正在土崩瓦解，豪强军阀割据混战，国家陷于分裂，社会生产遭到严重破坏，人民蒙受着战乱灾祸。

诸葛亮的远祖诸葛丰，官至司隶校尉，但到父辈时，家境已渐渐衰落，父亲只做过泰山郡的副职行政长官。这时的诸葛亮家只能称得上小官僚地主家庭。

多难的年代，低微的出身，给诸葛亮带来了许多不幸。大约在诸葛亮7岁时，父亲因病去世。当小官的父亲并没有给儿子留下什么丰厚的遗产，母亲带着他和弟弟诸葛均仅靠微弱的家底维持生计。时隔两年，母亲也因积劳成疾去世，抛下年仅9岁的诸葛亮和5岁的弟弟。

父母双逝，给年幼的诸葛亮沉重的打击，但也造就了他坚强的性格。

母亲去世后的那年清明节，诸葛亮带着弟弟去父母坟上扫墓。兄弟俩刚到坟地，就遇到了倾盆大雨。

弟弟吓得紧紧地抱住母亲的墓碑哇哇大哭。诸葛亮望着父母的坟墓和痛哭的弟弟，也伤心地大哭起来。

兄弟俩哭了好一会儿，朦胧中，诸葛亮仿佛听到母亲的声音："亮儿，不要哭了。你要好好照顾弟弟呀！"

诸葛亮从痛哭中惊醒过来，想到："母亲临终的嘱咐怎么忘了？弟弟吓成这个样子，我怎么对得起死去的父母啊！"

于是，他忍住哭声，擦干眼泪，背起弟弟，冒着大雨，踏着泥泞的山路艰难地往家走。不知跌了多少跤，泥水沾满了兄弟俩全身。唉，以后的生活之路，恐怕更难走啊！但是，小诸葛亮咬紧牙关，一次又一次从泥水中站起来，背起弟弟，坚强地往前走去……

父母去世后，诸葛亮兄弟俩寄居在叔父诸葛玄家，时间一长，诸葛亮渐渐体察到寄人篱下的艰难和世态炎凉。

叔父诸葛玄对他们兄弟俩倒是十分疼爱，但婶娘却是一个很跋扈（bá hù）的人。婶娘时常背着丈夫斥责兄弟俩吃饭吃得太多，在家里碍手碍脚。弟弟诸葛均不懂事，有时惹恼了她，还要挨打。

寄人篱下的生活使诸葛亮养成了一种沉默寡言的内向性格，他的喜怒哀乐从不表露于外。在以后的政治舞台上诸葛亮所表现出的坚强、沉着、寡言的性格，大概就是从这时开始养成的。

诸葛亮从小聪明睿（ruì）智，喜爱读书。父亲在世时，就开始教他读《诗》《书》《礼》《易》等书。父母去世后，诸葛亮学习更加刻苦。

叔父诸葛玄是个具有法家①思想的人，受他的影响，诸葛亮自幼就阅读了大量提倡和主张法家思想的书籍，逐渐接受了法家思想。

诸葛亮特别喜爱读《管子》，对法家先驱管仲极为仰慕。

大约在诸葛亮14岁的时候，一天，他正在书房读书，弟弟诸葛均走进来问道："哥哥，你在读什么书呀？"

诸葛亮举着书对弟弟说："我正在读《管子》，均弟，你知道管仲这个人吗？"

"不知道。"弟弟摇摇头说。

"管仲是春秋时人。他出身贫贱，但从小勤学苦读，博览群书，后来由鲍叔牙推荐，被齐桓公任为上卿。他治理齐国40年，推行法治，实行变革，富国强兵，'九会诸侯，一匡天下'，使齐国成为春秋时第一霸主。"

诸葛亮停顿了一下，望着挂在书房墙壁上用以鼓励自己刻苦读书的"奋飞"二字，激动地接着说道："弟弟，我们出身低微，

---

① 法家：中国历史上研究国家治理方式的学派，主要思想是富国强兵、以法治国。代表人物有管仲、李悝（kuī）、商鞅等。

为什么就不能像管仲那样做惊天动地的大事业？"

弟弟似懂非懂地看着哥哥激动的样子，他当然还不能理解哥哥的心情。他哪里知道，哥哥这时就已自比管仲，胸怀大志。

在诸葛亮的心目中，还有一位他敬重的英雄——战国时燕国名将乐毅，他从小就向往能和乐毅一样，指挥千军万马，驰骋疆场。

诸葛亮崇拜管仲、乐毅，表明了他从小就决心像历史上有作为的政治家、军事家那样，愿为改变当时国家的混乱、割据的面貌，做出自己的贡献。

在诸葛亮14岁的时候，叔父诸葛玄被任命为豫章（今江西南昌）太守。诸葛亮和弟弟也随同叔父一起去豫章，从此，开始了颠沛流离的生活。

当时，正是各地主集团之间争夺地盘进行混战最激烈的时期。一天，诸葛一家人来到徐州附近，举目望去，昔日繁忙的大道，竟然见不到一个人影，道路两旁时时可见堆堆白骨。

诸葛亮目睹这一切，心中感到无限的悲伤，不禁凄然吟道："白骨露于野，千里无鸡鸣。"

叔父被诸葛亮的情绪所感染。他知道年少的侄儿胸怀大志，于是鼓励他道："亮儿，中华山河支离破碎，你现在年纪尚小，不能立即拯救国家人民于水火之中，但你一定要好好读书，打好基础啊！"

诸葛亮听了叔父的话，庄重地点了点头说："是，叔父。侄儿谨记您的教导。"

诸葛一家到达豫章后，满以为可以在此安居乐业。但由于诸葛玄得罪了朝廷官僚，在他到任不到半年，东汉朝廷就又选派朱皓来接替他。诸葛玄丢了官职,由别人推荐,他准备去投奔占据荆州的豪强刘表。一家人又跟着他开始流浪。

临行前,诸葛亮望着波涛滚滚的豫章江水,心中生起无限惆怅:迁徙豫章,生活刚刚开始稳定下来,叔父却丢了官职,又要开始流浪了。朝廷腐朽昏庸,军阀连年混战,已弄得国不像国,长此以往,百姓何以生存啊!

离开豫章,一家人又长途跋涉,历尽艰辛困苦,一个多月后才到达荆州。

一到荆州,叔父就立即去拜见刘表。可是,刘表并没有重用他的意思,只是给他一个抄写公文的小官。叔父的希望破灭了,但为了养家糊口,也只得屈就。

诸葛亮跟随叔父从北方迁到南方,又从南方来到中原,辗转数千里,饱尝了千辛万苦。但流离漂泊的生活使诸葛亮增长了许多见识,磨砺了他的壮志。

特别是叔父满怀抱负投奔刘表,却没有得到赏识重用,给他很大刺激,这也许就是以后诸葛亮长期隐居隆中的原因。

到达荆州后,诸葛亮继续潜心苦读。然而,不幸的是两年以后,即197年,叔父因官场失意,抑郁哀怨成疾,离开了人世。

遵照叔父临终遗言,婶娘一家人护送叔父的遗体回老家阳都。诸葛亮对叔父去世也非常悲恸,但他不愿再过漂泊流离的生活,更不愿寄人篱下,便开始了独立的生活。

在襄阳以西二十里处,有一个依山傍水,风景秀丽的小山村名叫隆中。年仅17岁的诸葛亮就在这里盖起了数间茅屋,购置了几亩田地,定居下来,开始了长达10年的隐居生活。

袁宏

【有志气的苦孩子】

立志时龄：16岁

袁宏，字彦伯，东晋玄学家、文学家、史学家。他写的《东征赋》《北征赋》都是传世佳作，他还写了三十卷的《后汉记》《竹林七贤传》等等，有三百多篇诗文传世。

袁宏的父亲袁勖（xù）在临汝县做县令，是个廉洁的清官。在袁宏十多岁的时候，袁勖得了重病，临终之前他告诉袁宏："宏儿，你知道，爹为官清正，从不贪赃枉法，因此，这一辈子也没能给你攒下什么家产，只有这几架子书。爹去了之后，你不可能再去上学了，可是，不论你干什么，都别忘了咱们袁家是世代书香，别忘了要好好念书。你娘去得早，你也没有兄弟姐妹，这几年，爹公务繁忙，也没有顾得上好好照顾你，以后就只剩你一个人在这世界上闯荡了，要好自为之……"

袁勘去世后,身穿孝服的小袁宏带着父亲留下的几箱书,低着头,慢慢地走出了县衙。

袁勘在世时,县里那些有钱人家与袁家走得很勤,五六十岁的员外老爷们对小袁宏又亲热,又恭敬,一口一个"袁大公子",有时,小袁宏信口说点什么,他们也要又点头、又鼓掌,连声夸奖:"袁小公子小小年纪便出语不凡,奇才,奇才!"

如今,袁勘去世了,县里很快又来了新县令,乡绅老爷们把笑脸留给新县太爷和他家的少爷了,再见到袁宏,都冷冷地板着脸,好像不认识他一样。可怜袁宏十四五岁上便饱尝了世态炎凉。

倒是县里的穷苦百姓仍怀念着刚直不阿、公正廉洁的袁县令,也很同情这个幼年丧母、少年丧父的孤儿,好几位袁宏并不熟悉的乡亲抢着请袁宏去同住。懂事的袁宏见到这些叔叔伯伯家都是既有嗷嗷待哺的小娃娃,又有风烛残年的爷爷奶奶,生活很紧张,就婉言谢绝了,他决心自己谋生。

几天后,长江边上又多了一条小船,小袁宏用这条租来的小船运送来往的客商、货物。每当客人们看着这位白衣素服的少年抱着比他高出许多的船篙,吃力地、一下一下地撑着船时,心中都不禁泛起一阵阵怜悯,有些人就有意多给些船钱。可是,小袁宏很有志气,从不多要一文,无论如何也要把多余的船钱退给人家。

风里浪里,小袁宏一天天长大了,长壮了。他从来没有忘记父亲的遗训,总随身带着一本书,只要有一点点空闲,就拿出来认真地读。他特别喜欢读历史书,特别佩服历史上有气节、有才华的名臣名将。

这是一个春天的上午，风和日丽，一江春水倒映着蔚蓝的天空，江边嫩绿的草地上，几只雪白的、绒球似的小羊羔正在打滚撒欢，江涛声中，偶尔飘过几声牧笛，清脆的笛声给春意盎然的江边平添了几分意趣。

小袁宏把船泊在江边一丛垂柳之下，从怀中取出《史记》，津津有味地读起来。

从远处走过来四个年轻人，身上穿着色彩异常艳丽的绣花绸衣，头上戴着奇形怪状的帽子，手中还拿着香气扑鼻的折扇，其中有两个居然像女人似的涂着一脸的脂粉，一看就是名门显贵出身的不长进的浮浪子弟。

其中一位穿着翠绿衣衫的年轻人一边走，一边说："各位听我说，今天天气这么好，咱们光在这江岸上乱逛有什么意思？干脆，我做东，请哥儿几个到江对岸吃花酒，如何？那边的醉香楼里新来了个小姐，小脸蛋儿标致不说，还……"下面那些不堪入耳的话引得另几个阔少爷狂笑不已。

他们来到袁宏船前，乱叫着："喂，小子！快给少爷们撑船呀！"

袁宏轻蔑地看了他们一眼，默默地把书放进怀里，站起身，待几个阔少爷在船上坐定了，他便弯腰去拿船篙。不想，"啪哒"一声，怀中的书掉在船板上。一个穿红的少爷手疾眼快，一把将书抢在手中：

"哈哈，穷小子怀里还揣着书呢！"

"什么书呀？让咱们也开开眼！"

"哎哟！《史记》！你看得懂吗？"

"就是，这船篙放倒在船板上，你认得是个'一'字吗？"

"这书是从哪儿来的呀？看他那穷酸样儿，别是偷来准备卖钱的吧？"

"小子，卖给我吧，少爷我不用给你现钱，把你带到醉香楼去见见世面！"

"哈哈！……"

几个少爷越说越起劲，越说越放肆，根本没有注意到袁宏的脸色由红变白，最后变得铁青。终于，他一个箭步冲上去，抢过书，然后，手笔直地指着江岸，冷冷地说："你们滚下去！"

没想到这穷孩子如此厉害，几个大少爷愣住了，一时竟不知说什么好。

袁宏又开口了："你们懂不懂人话？让你们滚下去！老爷我今天不愿送你们过江！"

准备请客做东的那个少爷忙油嘴滑舌地说："好啦，好啦！快送我们过去吧！多给你一倍的船钱，行了吧？"

轻浮的语调更激怒了袁宏，他抄起船篙："谁稀罕那几个钱！你们到底下去不下去？再不滚开，我就把你们带到江心喂鱼去了！"

这几个浪荡公子全是有酒力、没饭胆的窝囊废，见袁宏真动了怒，的确怕这穷孩子一时性起，将船划到江心再把他们翻到水里，便拔腿跑了。

见几个人走远了，小袁宏才颓然坐在船上，抱着那本《史记》，声泪俱下地说："爹，想我满腹文章，只能在这里撑船摆渡。

那几个人是什么东西!无非酒囊饭袋!只是仗着他们老子有钱有势,就这样侮辱我。爹!世道为什么这么不公平?!"

袁宏是个有志气的孩子,越是受这些闲气,越是发愤读书,努力练习写作。他相信,有了真本领,终有一日,会出人头地的,让那些浮浪子弟见鬼去!

立秋过了,转眼又是八月十五。皓月当空,江水如练,微风吹来,波光粼粼。

镇守牛渚的将军名叫谢尚,这一晚他来到江边巡视,看着这月、这江,豪兴大发,率左右人等,换上便衣,泛舟江中,饮酒赏月。酒兴正酣时,忽听江上传来一阵阵读书声,好像有人正在念诗。侧耳细听,却是在吟咏三国时的名臣:

> ……
> 孔明盘桓,
> 俟机而动。
> 遐想管乐,
> 远明风流。
> ……
> 公瑾卓尔,
> 逸志不群。
> 总角料主,
> 则素契于伯符,
> ……

只听那人越念越激昂,而且文辞挺拔浑雄,谢尚不禁拍案叫绝。他马上派人划小船去打听念诗的是何人。不一会儿,那人回报说，念诗的是个船夫，自称是已故临汝县令袁勖之子袁宏，他念的是他自己写的《三国名臣颂》。那人还补充说，袁宏非常年轻，看样子不过十六七岁。

谢尚听了，更满口称奇，立刻让人把袁宏请上了船。这位谢将军不仅是个有学识的人，还爱才如命，请袁宏落座后，两人便倾谈起来。越谈兴味越浓，他越来越喜欢这个才华横溢的撑船少年。不觉之间，东方出现了鱼肚白，天已渐渐亮了起来。

后来，谢尚就把袁宏接到自己军中，后来他又申报上峰，让袁宏做了他的参谋。后来，袁宏凭他写的好文章，当上了大司马桓温的记室（即秘书）。

宋慈

【立下洗冤志】

立志时龄：10岁

宋慈，南宋福建建阳人，我国古代杰出的法医学家，被称为"法医学之父"，著有《洗冤集录》。

七八百年前的南宋时期，在建阳（今属福建）童游里，住着一位做广东节度使推官①的人，这个人名叫宋巩。

宋孝宗淳熙十三年（1186）的一天，丫鬟急急忙忙地跑来向宋巩报告："老爷，给你道喜，夫人生下一位公子！"宋巩听了，心中大喜，急忙来到夫人房中。宋巩一看，婴儿长得眉清目秀，他心中十分高兴。他一面安慰夫人，一面吩咐丫鬟好生照顾。

---

① 推官：推官是节度使下面掌管查问案件的官员。

宋巩希望这个孩子长大以后，能够为老百姓做一些好事，能够对老百姓慈爱。所以，就给他取名叫宋慈，字惠父。

宋巩很注意对儿子的教育。宋慈长到四五岁时，父亲就开始教他读书写字，并经常教育他要养成好的品德。宋巩要是出去游玩，总是把宋慈带在身边，让他多接触大自然，看看美丽的河山，培养他热爱祖国、热爱家乡的情感。

宋慈小时候很喜欢听大人讲故事。晚上，他常常要请求大人给讲一个故事才睡觉。因此，在他小时候，什么精卫填海，女娲（wā）补天，黄帝战蚩（chī）尤，羿（yì）射九日以及夸父追日等许多故事，他不知听了多少遍。他不但熟悉各个故事的情节、人物性格等，而且还能绘声绘色地讲给其他小伙伴们听。所以，邻居的孩子们都非常喜欢他。

一个夏天的晚上，雨后初晴，宋慈和母亲坐在屋外的台阶上乘凉，一阵阵凉风轻轻地拂在脸上，真是舒服极了。母亲指着院子里的水对他说："你看吧，今天下了雨，院子里还积着水。水这个东西，离了它人活不了，可是多了要是流不走，可就不得了，就会连屋带人都淹掉。所以，就要把河流治理好，下大雨时才不会造成洪水灾害。说起治水，还有一个挺好听的故事呢。"

接着，母亲就跟宋慈讲了大禹治水的故事。

当讲到大禹在治水期间，三次路过自己的家门口，却没有进去看一看时，宋慈忍不住问道："他为什么不进去呢？他不想家吗？"

母亲回答说："人都是有感情的，大禹怎么会不想家呢？但是，他想到治水是广大百姓的事，他一心想着早些把水治好，怕自己回家耽误了治水的时间,所以他三次经过家门,都顾不上回家看望。"

这个故事使宋慈很受感动,他对母亲说:"我长大了,也要像大禹那样,尽自己的力量,为老百姓多做好事。"

当时,福建建阳一带书院林立,讲帷相望①,其中以潭溪书屋最有名气。宋慈十岁那年,父亲因为经常外出办案,无法抽出更多的时间教他读书认字,便亲自带领他去潭溪书屋拜吴雉为师。进书院后,宋慈便开始了日夜苦读。他手不离书,每一首诗、一句话,他都要反复思索,认真琢磨。不久,他把书院里能借到的书都读完了,学问大有长进,成了书院内的"小精通"。

宋慈从小受到父亲的影响和教育,十分喜爱读一些关于疑案和侦破疑案的技术性书籍。有一天,父亲要到五十多里路以外的一个县城书场去买书、看书。宋慈得知这一消息后,便苦苦哀求与父亲同行。那时正值炎夏,酷暑难耐,天气非常闷热。宋慈年纪尚小,要走几十里路,是很不容易的,非常辛苦。但他咬着牙,坚持走下去。父子俩翻了两座山,县城终于近在眼前了。

上了大街,宋慈左右环顾,在宽阔的大街两旁,承印书籍的书坊连着有好几家,书摊、书店更是一家紧挨着一家,到处是高挑着的旗幌。小宋慈看得目不暇接,处处都感到新鲜,疲劳和饥饿早就忘得一干二净了。

父子俩走进了一处悬挂着金字招牌"万卷堂"的书铺,它

---

① 讲帷相望:到处都是设坛讲学的地方。讲帷:本义是天子、太子听讲宫室的帷幕,后泛指讲坛。

的规模之大，书籍之多，为全县城之冠。店里一个又一个书架整齐地摆放着正史、杂史、别史、野史、典志、方志、墓志、话本以及传奇、字帖等书籍。父子俩一看就是一天。第二天父子俩又去书店看了一天书。

这"万卷堂"主人余老板和宋巩是老朋友。一天，主人宴请宋巩父子。席间，余老板问道："宋大人，你身为提刑狱法官，可曾看过《疑狱集》一书？"

宋巩答道："什么叫《疑狱集》，我没见过。"

余老板解释说："《疑狱集》这本书是唐五代时期和凝父子的专著，它汇集了历代疑狱案例和侦破技术，是一本难得的好书。和凝父子还著了《续疑狱集》《谳狱①集》《结案式》等书，这些书籍汇集了历史上所有离奇案子的精粹，执法者读后能触类旁通，很有启迪。"

"老板为何不早点告诉我？"宋巩喜出望外。

"今日告诉你也不迟嘛。"余老板笑着说。

"赶快给我看看。"

"宋大人跟我来。"

接着，余老板带着他们俩走进后堂，进至内院，穿过一条曲折的巷道，赫然看到一间大屋，门楼上方醒目地写着"藏书库"三个大字。进了大门，里面原来是一个掘山而筑的洞穴，洞穴又高又深，且异常干燥，洞内书橱一个挨着一个，卷帙浩繁，蔚为壮观。

---

① 谳狱：审问案情。谳，音 yàn。

"挖这个山洞来藏书,主要是为了防火。"余老板一边说一边搬开一个空书橱,后面又出现了一个小洞。宋慈惊奇地发现,原来洞中还有洞,踏着台阶走下去,他看到洞中摆放着几只樟木箱。余老板打开其中一箱,取出用红绸布包裹的《疑狱集》等书,双手捧出递给宋氏父子。

宋慈拿出一本,翻了几页,见书中记载的案例非常离奇,而且破案的手法闻所未闻,极其高明,不由得暗暗叫好,爱不释手。宋慈的父亲翻阅了几页,不禁拍案叫绝,问道:"这类书如此珍贵,为什么不摆放在万卷堂呢?"

余老板答道:"此类书籍乃祖传之物,我家视其为珍宝,父亲临终前嘱咐我'此类书籍千万要保管好,让清官看了可效法为百姓洗冤,惩治顽凶;如果落入歹人之手,可效仿作案,百姓岂不是反受其害,天下更无宁日了',老父亲叮嘱我好好收藏,不可随便让人看。老夫仔细观察,发现宋公父子是可以信赖之人,所以取出来让你们一读。"

宋慈听后十分感动,当即向余老板一拜,朗声说道:"老伯请受我一拜,他日我若能为官,定效法侦破疑案,为民洗冤,刀斧面前,此志不移。"

余老板把宋慈揽在怀里,激动地说:"孩子,有你这句话,老汉就放心了,若老父在天有灵,亦可含笑于九泉。"

从这天开始,宋慈和父亲便在洞穴中昼夜奋读,每读到一个疑案和破案之术都如获至宝,他们边看边记,边议论,边思考,忘记了白天和黑夜。

回家的路上,宋慈默默无语,他仍在回忆书中的破案术,他在思索着如何学以致用,为民雪冤。

孟子

【孟母断织助立志】

立志时龄：10岁前

孟子是战国时期一位著名的思想家，本名孟轲（kē），山东邹县人，大约出生在公元前372年。他少年时代曾经当过孔伋（伋，音jí，孔子的孙子）的学生。长大之后，他著书立说，聚徒授业，积极阐发孔子的学说，对儒家学派的形成和发展起了很大作用。因此人们常常把他和孔子并列，称他们的学说为"孔孟之道"。

孟子他很小就死了父亲，一家人的生计全靠母亲织布维持，家境相当贫困。孟子的母亲是个勤劳而有见识的女人，尽管家中生活困难，她仍然设法让孟子读书，盼望儿子将来能成为一个有作为的人。可是，年幼的孟子却不理解母亲的心情，整天只知玩耍，对学习一点也没有兴趣。

最初，他们家住在山东省邹县的一个偏僻的乡村里。离家不远是一个乱葬岗子，荒坟野冢（zhǒng），茅草丛生。三天两日就有人来上坟、烧纸、埋死人，整天价听到的是哭哭啼啼，看到的是磕头烧纸，甚至装神弄鬼。小孩子爱新奇，常常三五成群，跟在后头，围在周围，看得津津有味。

一天，孟母等儿子吃饭，一等不来，二等不见，放心不下，就去找儿子。原来，孟子正和小伙伴们一起在荒坟间学人家挖坑埋坟、磕头烧纸呢！孟母把儿子领回家去，告诫他要好好读书，不要学些悲哀丧志的事。孟子哭丧着脸说："妈妈，我记住了。"可是，不几天，孟子挡不住引诱，又犯老毛病，和伙伴们去乱坟堆玩去了。

孟母想，孩子小，天真无邪，可塑性大，我一个人教他学好，总抵不过坏环境对他的影响，还是搬家吧。于是，她带着孩子把家搬到城里去了。

谁知，这里也不安宁。这里是个闹市，车水马龙，人来人往。小商小贩，扯着嗓子叫卖；打拳卖艺的，良莠（yǒu）莫辨；江湖郎中，自吹自擂。孟子又受到潜移默化的影响，怪腔怪调地学商贩叫卖。有一次，孟子在门外模仿卖菜人的叫声，竟把母亲诓了出来。母亲一见是自己的儿子，又是生气，又是悲哀，真是啼笑皆非。于是她再次下定决心：搬家！

这次，孟家搬到一所学塾附近居住了。过往行人多是学生，有的一边行走，一边看书，有的眯着眼睛，边走边摇头晃脑地背诵诗文。孟母感到这是孩子学习的好环境。

来到这里以后，小孟轲果然被学院里传出的琅琅读书声所吸引。他时常跑到学宫门前探头探脑地张望，听学生们读书，也常常跟着学生朗读。当先生带领学生演习礼仪的时候,小孟轲看得津津有味,非常羡慕,有时也在旁边模仿。他和邻居家的孩子做游戏的时候,不再去模仿送葬、叫卖东西,而是模仿学生们行礼。他经常找来小碗小盘当作盛祭品的礼器,认真地摆好,然后和孩子们一起模仿着磕头作揖,进进退退。孟母见了,心里很高兴。

又过了些日子,孟母花了一笔钱,为儿子买来《诗》《书》《礼》《春秋》等几部书,亲自教孟子读。当时的书,字都写在竹木简上,一本书就是一大捆竹简。孟子聪明好学,对于学过的书,每日诵读不倦。从此,东邻学童的读书声和孟子的读书声交织在一起,孟母听了非常高兴。

一天,母亲把孟子叫到跟前说:"孩子,你长大了,该到学堂念书了。"

孟子问:"家里交得起学费吗?"

母亲说:"我借了架织布机,靠织布来供你上学。"

就这样,孟子高高兴兴地上学了。刚开始几天,他还觉得挺新鲜,可渐渐地,就感到上学太枯燥无味了,后来不知怎么又爱上了射鸟,还自己动手做了一套相当精致的弓箭。有一天,他正在学校上课,忽然想起了村东湖中的鸿鹄(一种天鹅),便再也坐不住了。趁着老师不备,他又偷偷溜出学校,跑回家来。一边跑他还一边唱:"肚子叫咕咕,无心再读书,回家吃饱饭,弯弓射鸿鹄。"

孟子的母亲正在织布,看见儿子又逃学回来,十分生气。她想,孩子不求上进,光靠搬家是不解决问题的,必须好好教训他一顿。等孟子走到跟前,她一下把脸沉下来,严厉地责问:

"你为什么又逃学了？"

孟子满不在乎地回答："念书有什么意思！哪有射鸟好玩。"说完，还顽皮地给母亲做了一个鬼脸。

母亲气得半响说不出话来。过了一会儿，她忽然拿起一把剪刀，"嘶"的一声把织布机上织布用的经线截断，被割断的经线纷纷飘落在地上。小孟轲眼巴巴地看着母亲，见母亲把经线割断，真有些丈二和尚摸不着脑袋，不知母亲为什么要这样。

孟母割线以后，问小孟轲道："把经线割断了，还能织成布吗？"

孟子回答说："不能织成布了。"

孟母语重心长地说："学习不是也像织布吗？你不时时用功学习、温故知新，就像断了的线一样，还能成材吗？"小孟轲明白了，母亲是教育他好好学习，不断长进，好成为人才。

孟母见小孟轲明白了她断织的用意，就对儿子说："我一心指望你好好学习，成为有道德有学问的人。可是你现在……"她一边说，一边掉下伤心的眼泪。

孟子看着伤心的母亲，听着她的谆谆教导，既悔恨又惭愧，也扑簌扑簌掉起泪来。忽然，他"通"的一下跪在母亲面前，恳切地说："妈妈，我错了。您原谅我吧！今后我一定好好读书，不再逃学。"母亲见儿子诚心认错，便转怒为喜。她把孟子拉起来，安慰说："浪子回头金不换。你只要知错肯改，就是妈妈的好孩子。"

从此以后，孟子真的变了样。他一心一意地学习，再也不逃学了。最后，终于成了我国历史上著名的思想家。

118

自古英雄出少年 立志篇

霍去病

【志在灭匈奴】

立志时龄：18岁

霍去病，河东平阳（今山西临汾西南）人，军事家，是西汉时期著名的爱国将领。

霍去病出身贫寒，少年时期曾在一个贵族家里当过奴仆。后来由于姨母卫子夫当了皇后，舅父卫青做了大将军，他才跨入贵族行列，担任了侍中，获得出入禁宫接近皇帝的机会。虽然霍去病的地位发生了重大变化，但他并没有依靠裙带关系安享尊荣富贵，也不像一般贵族子弟那样整天游乐赌博、花天酒地。他关心的是国家大事和天下兴亡，特别是在他了解了匈奴连年侵扰边境、人民惨遭杀掠的情况后，更是抓紧一切时间练功习武，研读兵法，准备将来征战疆场，为保卫祖国做出贡献。

一天早晨，霍去病照例一起床就去校场①骑射、拼刺，苦练武功。由于练得专心，不知不觉超过了吃饭时间。当他收拾停当要去吃饭的时候，忽然想起这天正轮到自己值班，急忙跑进厨房抓起几个馒头，转身一直奔向皇宫。其实值班也没有多少事情要做。他很快把该办的事一一办完，就抓紧时间拿起一部《孙子兵法》，一边啃馒头一边认真地阅读起来。

他读得是那样的聚精会神，以至汉武帝来到他身边都没有发觉。汉武帝早已很重视他。在几次贵族子弟的比武演练中，霍去病武艺精通，机智勇敢，屡获第一，汉武帝深为自己的皇后有这样的亲人而感到高兴。今天，汉武帝又亲眼看到霍去病如此刻苦用功，勤奋上进，更是乐在心头，喜上眉梢，不由得暗暗赞道：这个小伙子的确不错，真是个难得的栋梁之材！

大概是特别高兴的缘故，汉武帝想着想着，不自觉地把"栋梁之材"四个字说出声来。霍去病这才发现皇帝站在他身边，赶紧放下书本，立起身来向汉武帝施礼，问安。汉武帝是个有雄才大略的皇帝，一贯注意选拔和培养各方面的人才。他早就有意让霍去病到实际战争中去锻炼锻炼，以便将来成为卫大将军的接班人，只是因为霍去病年龄太小，一直没有拿定主意。现在他看霍去病这样专心攻读兵书，必有远大抱负，便想乘机试探一下他本人的意愿。

汉武帝亲切地问："霍去病，如果现在我派你去参加讨伐匈奴的战争，你愿意不愿意去？"

---

① 校场：旧时操练、演习、比武的场地。校，音 jiào。

"愿意！陛下，这正是我日夜盼望的事。"霍去病听了汉武帝的询问，既高兴又感激，马上郑重地做了回答。

汉武帝很满意，稍微沉思了一下，随即决定派霍去病跟随大将军卫青出塞远征，并让他赶快回家做些准备，马上出发。汉武帝的这个决定，使霍去病的心一下子飞向了遥远的北国边疆。

匈奴是我国北方的一个古老民族。从秦朝末年以来，匈奴的贵族乘中原战乱之机，不断向南扩张。西汉前期，国力衰弱，朝廷不得不采取和亲政策，企图通过妥协退让以求边境暂时安定。到了汉武帝时期，国家的经济和军事力量都有了很大发展。为了彻底解决北方的边患，汉武帝决定对匈奴开展大规模的讨伐战争。前一阶段，战争的主要指挥者是大将军卫青。到了后来，霍去病成长起来，成了战争的又一主要指挥者。

霍去病于公元前123年首次出马远征。这时他只有十八岁。卫青拨给他一支八百人的骑兵，主要担任侦察和突击任务。年轻的霍去病跃马挺枪，威风凛凛，他既感到自己身上担子十分沉重，又为能够亲身杀敌报国而兴奋。

有一次他奉命率部深入敌后侦察敌情，傍晚时候，在一个山坡脚下，发现了一大片敌人的帐篷。霍去病估计是敌人的一个首脑单位，便当机立断，乘着黑夜向敌人发起突然进攻。八百人齐声呐喊，像一阵狂风冲进敌群，见马就射，逢人便砍，锐不可当。敌人毫无准备，又摸不清汉军的虚实，顿时乱作一团，有的东逃西窜，有的呼爹叫娘，有的举手投降。这一仗打得实在漂亮，不仅杀了两千多名敌人，而且活捉了匈奴国王的叔父等重要人物。霍去病初战告捷的消息传到长安，汉武帝十分高兴。在论功行赏的时候，破格地册封霍去病为冠军侯。

经过实战考验，汉武帝对霍去病更加信任了。两年以后，霍去病奉命讨伐盘踞河西地区的匈奴右贤王。这时他刚刚二十岁。但已成了独当一面的大军统帅。由于霍去病指挥得当，汉军进展十分顺利，很快攻至现在甘肃西部的肃州一带。肃州是大沙漠中的一块绿洲。这里泉水淙淙，绿草茵茵，是河西地区非常少见的一个好地方。霍去病一面命令大军就地驻扎，一面派人各处侦察，积极准备进一步的攻势。

正在这时，汉武帝从长安派人远道给霍去病送来两坛上好美酒，以示慰劳。霍去病一向同士兵同甘共苦，就是皇帝特地赏给他的美酒，他也不肯独个享受。可是仅仅两坛好酒，哪够分给全军呢！他考虑再三，终于想出了一个好主意。

一天午后，风和日丽，他把全军将士召集起来，围坐在一个清泉周围，然后当众将皇帝赏赐的好酒倒进泉里，下令大家汲取泉水，开怀畅饮，共同领会国家对每个出征战士的关心和期望。于是，刹那间，你敬我让，杯碗交错，欢声雷动，犹如一次盛大的庆功会，气氛十分热烈。据说，后人为了纪念这件事，便把肃州改名为酒泉。霍去病率领的汉军，因为有这样的好将领，士气非常高昂，接连打了几个大胜仗，杀死和俘虏了很多敌人，迫使敌军残部仓皇退往漠北地区去了。

为了表彰霍去病的赫赫战功，汉武帝授予了他很高的官职，还特地在长安为他修建了一所漂亮的住宅。住宅修好后，汉武帝亲自陪同霍去病前去参观。这所住宅确实不同一般。火红的油漆大门，巍峨高大的门楼同门前一对雪白、玉雕大狮子配搭在一起,还没进宅就给人一种富丽堂皇的感觉。跨进院内更是别有洞天:亭台楼阁,巧夺天工;中央主楼,金碧辉煌,高接云天,登临一览,整个长安尽收眼底。再往后走,后花园宁静幽雅,奇花异草,沁人心脾。

汉武帝满以为霍去病看到这样豪华的住宅,一定会喜出望外。可是,霍去病在大半天的参观中始终未露笑容,有时还显出忧心忡忡的样子。因为如此豪华的私人住宅,并不是他这个出身贫寒的将军所追求的东西。他一边参观一边想:如果将军们都去贪恋个人享受,谁还关心边疆战士们的疾苦,谁还关心国家的安危?现在敌人虽然遭到毁灭性打击,但一有机会,还会卷土重来。如果用这些大兴土木的钱财去改善北部的边防,那该多好啊!

想到这里,他暗暗拿定了主意。当汉武帝询问他对这座住宅是否满意时,霍去病坚定而诚恳地回答说:"匈奴未灭,何以家为!"婉言谢绝了汉武帝的好意,并提出了加强边疆防御的具体建议。汉武帝深为这种爱国忘家的精神所感动,不仅没有生气,反而更加敬重霍去病。这件事传扬开来,长安百姓和边疆将士无不拍手叫好。

周处

【立志改过】

> 立志时龄：十八九岁

周处生活在三国末期和西晋初期，在晋武帝时曾经当过主管全国司法工作的御史中丞，后来任建威将军，战死在疆场。

周处出生于豪门权贵之家，父亲当过东吴的大将军。他幼年时不爱读书，专好舞枪弄棒。周处的父母对他过于溺爱，没有严加管教。结果，周处长到十几岁，斗大的字还认不了半筐。不过，周处对刀枪剑戟样样在行，在相识的年轻人当中，没有一个是他的对手。一些人因此恭维他是少年英雄，他也盲目地信以为真，十分得意。后来父亲去世了，他随着母亲回到老家江苏宜兴。由于没有受过良好教育，不懂得做个正派人的起码道理，回到乡下之后，他自认为出身名门，武艺超群，更加了不得了。他骄横跋扈，目中无人，有时还不自觉地干出一些残害百姓的事情。久而久之，当地群众就把他看成是一个祸害。

周处很喜欢打猎，还自认为这是英雄本色。有一次，他带领一伙家人，驾鹰牵犬，出外打猎。一路上，他们催马扬鞭，狂呼乱叫，不管是人家的菜地还是麦田，全都视而不见，一踏而过。他们在一块地边发现了一只白兔，大家立刻像一阵旋风一样猛扑过去。这时有个老大娘正领着孙子在前面地里挖野菜。老大娘一看形势不好，刚想躲避，周处的马已经飞到眼前。只听一声惨叫，老大娘被撞出了一丈多远，倒在地上，头破血流。小孙子吓得连声呼喊："奶奶啊，奶奶……"而周处他们却像什么都没看见一样，继续追赶白兔去了。乡亲们闻声赶来，一个个气得咬牙切齿，但是又有什么办法？他们谁能惹得起周处呢？

这年初春，一场小雨过后，空气格外凉爽宜人。周处心中高兴，身穿便装，一人步行到野外游玩。他走着走着，看见一个白胡子老人正坐在路边，望着麦田一个劲地发愁。周处纳闷，便上前问道："老汉，今年这小麦丰收在望，你在这儿发哪门子愁呀？"

老人抬起头来，用昏花的两眼望望周处，以为是个过路的外乡人，先叹了一口气，然后说："今年这庄稼长得倒是不错，可我们这里有三害横行，闹得大家鸡犬不宁，谁还能高兴得起来哟。"

周处一听，吃了一惊，心想：乡里出了三害，我周处怎能看着不管？要不，我还算什么英雄好汉！想到这里，他欠身问道："这三害是什么东西？赶快告诉我，好让我把它们除掉。"

老人摇摇头说："这三害都很厉害，除掉它们可不那么容易。第一害就是南山上的白额虎，个头有牛那么大，不知伤了多少人。第二害是长桥河里的花面蛟,有一两丈长,经常兴风作浪,糟蹋庄稼。这第三害是……"老人刚想要说,忽然停了下来,扭头望望四周,见没有旁人,然后才压低声音说:"第三害虽然是个人,可他比猛虎蛟龙还要坏……"

周处是个急性人,没等老人说完,就插嘴催问:"这个人是谁?您快说。"

老人接着说:"这个人名叫周处。他依仗权势,欺压乡亲,糟蹋庄稼,谁也不敢惹他,连县太爷都怕他三分。所以我告诉你,你也没有办法。"

周处听了,好像当头挨了一棒,好半天说不出话来。他万万没有想到,在乡亲们眼里,自己已经坏到和吃人的猛虎、蛟龙一样的地步。他只觉得又惭愧又难过,脸上红一阵黄一阵,好像得了什么急症。老人闹不清是怎么回事,既着急又关切地问:"你这是怎么啦?是病了,还是咋的?快到我家去歇歇,我给你请医生看看好吗?"说着就站起来,要扶他走。周处痛苦地摇摇头,对老人说:"没什么,没什么。老大爷,您放心好了。我一定替你们除掉三害。"说完,向老汉拱手施了一礼,转身就走了。

回家路上,周处低头沉思,心乱如麻。回到家里,他躺在床上,辗转反侧,悔恨不已。他觉得好像做了一场噩梦,刚刚醒来,发现自己原来的所谓"英雄业绩",都是彻头彻尾的胡闹。在悔恨之余,他暗暗下定决心:要为民除害,将功赎罪。

第二天一早,周处跨马进山,找到白额猛虎,一箭将它射死。接着,又手提宝剑,来到长桥,跳进河里,奋力杀死了大蛟。乡

127

周处 立志改过

亲们听到消息，纷纷跑来观看。周处从水中爬上来，登上桥头，高声对大家说："乡亲们，我已经为大家除了两害。剩下的还有我周处这一害。往后，我周处也要改邪归正，重新做人，决不再危害乡亲。"人们原来对周处的行动只是感到惊奇，听了他的话，一个个笑逐颜开，热烈欢呼起来。周处在麦田旁边碰到的那个老人，也挤在人群中看热闹。这时，他才发现同他谈话的"外乡人"原来就是周处，心中真是又惊又喜。他用力挤到前边，拉住周处的手，激动地说："好，你做得好，也讲得好。我代表乡亲们感谢你为大家除了三害。"周处更加激动，眼中含着泪花，诚恳地对老人说："应该是我感谢您老人家。"

从此，周处好像完全变成了另外一个人。他敬老扶幼，说话和气，经常帮人做好事。为了继续上进，他不久便离开家乡，外出求师。经过长途跋涉，他找到了当时著名的大文学家陆云。他坦率地向陆云叙说了自己的过去，最后问："从前，我不求上进，白白耽误了许多好时光。现在我明白了，可不知是不是已经太晚了？"

陆云说："知错改错，任何时候都不晚，更何况你还这样年轻，怎么能说晚呢？你只要坚持学好，前途还是不可限量的。"

周处听了很受鼓舞，马上表示愿拜陆云为师，向他学习做人的道理和写文章的技巧。陆云看周处态度诚恳，也愿意收这个迷途知返的青年人做自己的学生。周处由于决心大，意志坚，进步非常快，最后终于成了我国历史上的一个著名人物。

李白

【铁杵成针誓发奋】

立志时龄：5岁

李白，字太白，祖籍陇西成纪（今甘肃天水附近），5岁时随父迁居四川彰明县的青莲乡，因此自号青莲居士。他能"开口成文，挥翰散霞"，写出了许多为人们传诵的优秀诗篇。

少年时代的李白，在学业上并不是一开始就那样刻苦勤奋的，他在四川眉州象耳山读书的时候，曾一度对学习的艰苦和紧张、生活的困难和枯燥适应不了，打算中途放弃学业，去做一个自由自在、随意飘荡的浪子。

一天，风和日丽，秋高气爽，李白偷偷地逃出了学校，离开了象耳山。一路上，他像一只自由的小鸟，欢快地乱蹦乱跳，叽叽喳喳。他手上拿着一根竹竿，左挑一下，右抽一下，像是在发泄什么，又像是在寻求什么。碰到小孩在玩耍，他会凑拢上去玩一阵儿；遇到牛犊在吃草，他就去攀弄它头上的角；看见路旁的枣树上结满了枣儿，他就去敲，但左敲右敲够不着，便又拿起竹竿走了……

他无所事事地沿着山下的一条小河边往下走，突然发现一位头发花白的老大娘，正蹲在河边磨铁棒。李白好奇地走上前去，询问老大娘这是要做什么。

"我要把它磨成针。"老大娘指着铁棒回答。

李白以为老大娘在拿他开心，不相信老大娘的话，说："老婆婆，这么粗大的铁棒怎么能磨成针呢？这要磨到什么时候啊？"

"孩子，只要功夫深，铁棒磨成针"，老大娘意味深长地说，"今天磨不成，明天磨；明天磨不成，后天磨。这也像你念书一样，只要有决心和恒心，还怕有什么学不会呢？"

李白听了心里不觉一怔，顿时感慨万分，一个人独自在河边沉思了许久，从中得到极大的启发。他心想：读书也是这个道理，不懂的地方，天天读，总会把它读懂的。只要有决心，有恒心，就会求得学问。像我这样，天天贪玩，遇到难题就逃学，什么时候能把书读好呢？于是，他拔腿跑回家中，开始用功读起书来。

李白在铁棒磨成针的精神鼓舞下，以顽强的毅力勤奋读书，学业果然大有长进。为了使自己成为一个有学问的人，专心攻读，他下了很大决心同一位好朋友住到成都附近的青城山里，在山里一连苦读了几个年头，而不曾进城闲逛过一次。因此，他"十五观奇书，作赋凌相如"，成为一个博学能文、抱负远大的少年作家。

另外，少年李白还以"铁棒磨成针"的顽强毅力，学习剑术，锻炼身体，使自己成为一个"十五游神仙""十五好剑术"的少年游侠。

有这么一则逸事描述李白习武的情景：

五月的夜半，银河横空，繁星满天。临近黎明时分，突然刮起强劲的东北风。那一团团的乌云，仿佛千军万马似的从天边疾驰而来，顷刻间，便吞噬了星斗，掩盖了夜空。

一道雪亮的电光刺破晴夜。随着电火的明灭，一连串的霹雳又以排山倒海之势，在广阔的太空中轰然炸响……

第一声响雷，惊醒了四川省彰明县青莲乡的少年李白，他睁开眼睛，喊了一声"师傅！"听不到回应，便欠起身子，挑亮了床前的油灯。这时，他发现对面床上空空如也。再看对面的墙壁——壁上悬挂着一只空的剑鞘。"啊！"他吃惊地叫了一声，一骨碌爬下床来，冲出房门，赶到院中。

雷鸣伴着电闪。借着亮光，李白看到，一个高大魁梧的身影正在院里的苍松下舞剑。他旋转腾跃，挑刺劈杀，动作是那样干净利落，奔放有力。那剑在他手里，发出飕飕声响，迸出道道寒光。李白站在门前，看得入神了。

"杀！"舞剑人大喝一声，举剑向前猛刺，做了一个大鹏展翅的姿势。看到这里，少年情不自禁地走向前去，钦敬地喊道："师傅！师傅！"

"李白，起来了？"师傅抚摸着少年的头，亲切地问。

李白低下了头："我来迟了。"

"来得正是时候！"师傅笑了笑。他正准备把剑递给李白，那响雷又一个接一个滚滚而来。他看了看天上奔腾的阴云,踌躇地说:"雷鸣电闪的,今天就不练了!"

"不",李白昂头挺胸,倔强地说,"您不是常说,宝剑要经烈火,雏鹰要经风雨吗?我不怕!"说着,从师傅手里取过剑来。师傅显然很满意。他点点头,爽朗地笑道:"好孩子,那就开始吧!"李白左手执剑,屏了口气,眉头微微皱了一下,一张稚气的脸庞显得十分严肃认真。接着,他展开右臂,一个箭步,舞动了手中的宝剑,在隆隆雷声的伴奏下,开始了他一天也不间断的练习……

练着,练着,狂风夹着雨点打下来了,李白正舞得酣畅,一点没有理会。刹那间,那雨点变成了瓢泼大雨,雨弹光鞭,直向李白身上扑来。就在这时,只听得李白大吼一声:"杀!"随着喊声,他举剑直指前方,做了一个大鹏展翅的姿势。狂风鼓起了他的短衣,暴雨扑打着他的脸庞,闪电勾画出他的英姿——一头搏击风雨的雏鹰!

站在风雨中的师傅,赶忙上前,一把抱起李白,奔进屋里。他一边用衣袖揩拭李白脸上的雨水,一边高兴地说:"好孩子,像这样每天不断地练下去,准能练就一身好本领。"师傅又试探地问:"李白,你有这样的决心吗?"

"有!"李白把胸一挺,回答得响亮有力,毫不迟疑。

就这样日复一日,年复一年地练,李白练就了一身好剑术。十五岁的时候,他骑着骏马,佩戴着宝剑,一派飒爽英姿地去漫游。当时的诗人崔宗之,曾称赞李白的高超剑术,说他"起舞拂长剑,四座皆扬眉"。

戚继光

【牢记"忠孝廉节"】

立志时龄：12岁

戚继光，字元敬，他不仅是我国明代著名的抗倭英雄、杰出的军事指挥家，还为我们留下了许多宝贵的著作，其中不仅有重要的军事著作，还有许多诗歌、散文。

明朝嘉靖十八年（1539），在山东省济宁微山县鲁桥镇东头，松树枫林掩映之中，有一所三进大院子，一色的青堂瓦舍，但是，由于年代已久，房檐瓦楞间杂草丛生，门窗也多被虫蛀朽蚀了。

一天上午，几个工匠模样的人带着刀尺笔纸，一边在屋里屋外比量，一边商议着什么。正说着，上房里蹦蹦跳跳地跑出个十二岁的男孩，也过来凑热闹，几个匠人一见这男孩，就七嘴八舌地发起议论来：

"戚公子,你们家这老屋快两百年了,这回我们得把它好好修一修,要不,都快住不得了!"

"小公子,你家老爷只让我们给你们正房安四扇镂花门户,其实,按朝廷规定,你们家可以安十二扇,那多气派呀!"

那个名叫戚继光的小公子一听这话,瞪着大眼睛,天真地问:

"真的有这种规定呀?"

"当然有。你看镇西头刘家,才袭了一代将军,他家那几扇门户镂得多漂亮,你们戚家还是传世六代的威明将军呢!"

"要真是这样,你们等一下,我进去提醒爹爹,怕他是忘了这条规定了吧!"

说完,小继光"通通通"地向书房跑去。

年久失修的书房里有些暗,又有些潮,临窗前的大书桌上,放着一大沓写满字的纸,一位白发苍苍的老人还在全神贯注地写着什么。

继光跑到书房门口,马上放轻了脚步,蹑手蹑脚地走进去,轻轻唤了声:"爹!"

老人抬起昏花的老眼,一见是继光,就慈祥地问:"光儿,有事吗?"

"爹,匠人说咱们家可以安十二扇镂花门户,您为啥只让他们安四扇呀?咱们也安十二扇吧!您看西头刘家的房子弄得多气派呀,若论地位,他家还比咱家低一点呢!而且,朝廷不是规定可以安十二扇吗?"

听了儿子这一番话,老人脸上的笑容消失了,他"啪"的一声把笔放下:"胡说!你懂什么?这样小小年纪,怎么已经学会和别人比排场了？你将来长大成人，能做个好人，能守住这份祖业，我就已经心满意足了。如果光贪图虚荣、讲排场，连这点家业都保不住，还谈什么十二扇镂花门户！"

继光见父亲动了怒，低下头，一声也不敢吭。

戚老将军看到儿子羞愧满面的样子，就把语气放缓了许多：

"光儿，爹爹问你，你的志向何在？"

"志在读书。"

"读书的目的是什么？就是要弄清忠、孝、廉、节四个字。弄不清这四个字，读多少书也没有用处。你读书学了本领，忠于国家，孝顺父母，克己奉公，讲求气节，做个堂堂正正的人，就是住在茅草屋中，人们照样敬你、爱你；如果成了个不忠不孝、贪赃枉法的无耻之徒，就是住在装了十二扇镂花门户的漂亮房子里，照样无颜见列祖列宗！对了，等这书房装修好了，我让人把忠、孝、廉、节四个字刷在墙上，你要时时看着它，记住它！"

"是，爹爹，我明白了。咱们的住房够住、实用就行了，我告诉匠人们，还是照您的意思办。"

以后，戚继光就在书有"忠孝廉节"几个大字的书房中，在爹爹戚景通的严格监督之下认真读书。

转眼又是一年过去了，亲戚朋友们见戚景通年老多病，就张罗着戚家给十三岁的继光定了亲。在举行订婚礼的那一天，亲戚朋友们自然送了许多礼物。

第二天，继光来到书房。爹注意到继光走路时，脚抬得很高，好像生怕踩坏了什么，他低头仔细一看，儿子脚上穿了一双非常漂亮的丝鞋，雪白的鞋底，浅蓝色的丝绸鞋面，上面还绣着五彩缤纷的麒麟，非常精致。一见这样漂亮的鞋竟穿在儿子脚上，景通老人顿时火起：

"不懂事的东西！你小孩子家穿这么漂亮的丝鞋干啥？现在一心想穿丝鞋，将来就会要绫罗绸缎穿，要山珍海味吃。你爹爹清白一世，咱们这样的家庭绝对满足不了你的要求，为了满足这些欲望，你就会去侵吞士兵的粮饷，干伤天害理的坏事！这样下去，你还怎么继承我的事业？"老人说着说着，又难过起来。

戚继光没想到为了这一双鞋，老父亲竟动了那么大的肝火，急忙跪了下来：

"爹爹息怒，这鞋不是孩儿自己要的，是昨天外祖父送的礼物，是母亲今早让儿穿的，我……我现在就脱下来。"

他一边说，一边把鞋脱下来，放在父亲脚前。老人一把拿过来，"嚓嚓"几下，把鞋撅（juē）了。

过了一会儿，戚景通老人扶起继光，让他坐在自己对面，慢慢地说："孩子，你知道你为什么叫继光吗？你是嘉靖七年十月初一半夜时分落地的。那天晚上，夜空一晴如洗，星光熠（yì）熠，到了早晨，一片彩霞映着咱们鲁桥镇，映着咱们房前苍翠的松，艳红的枫，真是美啊！那年，爹已经五十六岁了，老来得子，爹疼你，更希望你长大以后能继承光大咱们戚家的业绩呀！爹也愿意让你穿得好一点，吃得好一点，可是，咱家并不十分宽裕。更重要的是，现在外面风气很坏，爹担心你从吃穿这些小事上放纵起来，将来也成了胸无大志，不学无术的浪荡子，爹的希望就全落空了！"

继光听到这儿，抬起头，看着爹爹老泪纵横的脸。认真地说："爹，您的心意儿子全懂了，以后，我绝不追求安逸享受，专心读书习武，您就放心吧！"

当时，朝廷上下，贪污行贿成风，上自皇帝，下至县令无不沉溺于声色犬马、灯红酒绿之中，那些官宦人家的子弟多数不务正业，只会吃喝玩乐，寻花问柳，社会风气非常坏，而戚继光这个高级军官的孩子在老爹爹的严格要求之下，埋头读书，短短两三年间，学业上就取得了很大进步，刚满十五岁，他就以深通经术在家乡一带十分出名。

年迈的父亲看着儿子学业上日新月异的进步，心里有说不出的高兴。有一次，继光的母亲和戚老将军谈起家务事，谈到过日子没有钱，很艰难，老将军指着正在一边专心读书的继光自豪地说："这不就是我们最大的财富吗？"

戚继光十七岁那年的夏天，年逾七旬的老父亲身染重病，他自知将会一病不起，为了安排好儿子的前程，就一再催儿子到北京办理继承职位手续。

继光临行前，他把继光叫到病榻边，拉着儿子的手说："光儿，你爹爹戎马一生，为大明江山的安全出生入死，只是因为不满官场上乌烟瘴气的恶劣风气，才在你十一岁时告老还家。这些年来，我一直在认真总结我这一辈子的军事经验，研究对付鞑虏入侵的方案，现在已写成数百篇。你爹爹清白一世，只给你留下了这一点点遗产，你要慎重，不要轻易使用！"

继光跪在爹爹床前，泪流满面："爹爹给孩儿留下的是无价之宝，孩儿一定光大您的这笔遗产！"

后来，戚继光编练了一支英勇善战的戚家军，在浙江、福建多次扫灭入侵的倭寇，威震敌胆。

文天祥

【志气不凡的年轻人】

立志时龄：7岁

文天祥，江西吉州庐陵(今江西省吉安市青原区富田镇)人，宋末政治家、文学家，爱国诗人，抗元名臣，民族英雄。兵败被俘，宁死不降，后从容就义。

古时候，在碧波清丽的赣江边上，有一座山水灵秀的古城，叫庐陵，即现在的江西吉安县。

距今七百年前，即宋理宗宝祐元年，一个天高气爽的傍晚，在空荡荡的庐陵公祠里，站着一个英俊的少年，他背负着双手，全神贯注地瞻仰着墙上乡贤们的遗像。这些已经过世的乡贤，都是本地历朝的忠臣良相和爱国志士。这个少年站在一幅幅遗像前面，用敬仰的目光，望了又望，久久流连，不肯离去。遗像中有欧阳修、杨邦乂（yì）、胡铨（quán）等。少年眼望着他们的遗容，内心激起一股深深的追慕和怀念，禁不住感慨自语道："我将来如果不能和这些先贤并列，我上对不起家乡父老，下对不起后代子孙，算不得男子大丈夫！"

他的一阵豪言自语，被门外的一个打扫公祠的老人听见了。那老人从外边走进来，笑眯眯地望着他，夸奖道："小兄弟，你真是个志气不凡的年轻人，好样的！"

老人家指着挂在墙上的几幅乡贤肖像，问道："小兄弟，你知道他们都是谁吗？"

"我当然知道了。"那少年转动着明澈的眼珠，神情庄严，指着其中的一位慈祥文雅的老人肖像说："这位是欧阳修先生，文学成就很高。他老人家爱读书，从幼小识字的时候起，到六十六岁离世，手不释卷，几乎每天没有离开过书本。他小时候家里贫穷，买不起书，就到处借书。当他年老时，家中藏书已经有一万多卷，他还笔耕不辍，一生写了三百多卷书。他有很高的道德，一生不愿意做官，坚持正义，不与别人争名夺利，同情百姓的疾苦，用自己积蓄下来的钱财，周济四方穷苦百姓。"

"哈哈，"老人一听，抖着白胡子，点头直笑，望着这个气度不凡的少年说："小兄弟，真了不起！看来你不仅有志气，书也读了不少。请问，你姓什么叫什么？"

"我叫文天祥。"

"唔，精彩的文章能使天地祥和。哈哈，这个名字取得很有寓意啊！"

文天祥听老人家这么一夸奖，心里别提多么高兴了。于是，他心血来潮，一鼓作气，按着乡贤遗像的顺序，一个个地指点着，给老人家复述他们生前的业绩：

"老爷爷，你看，这一位是杨邦乂，他生前是一位忠君爱国的武将，率领部下和入侵的金兵血战沙场，后来因为寡不敌众，被敌人俘虏，宁死不降，英勇就义，真是一位流芳百世的民族英雄！你再看看这一位，他叫胡铨，当年宋高宗在奸臣们怂恿下和金军讲和，卖国投降。胡铨坚决反对，写了一篇奏表，奏请皇上除掉卖国奸臣秦桧。吓得高宗生怕引起民变，不得不贬了秦桧。杨邦乂和胡铨真是两位有热血的爱国志士。我将来长大成人，一定以他们为榜样，继承他们的遗志，学习他们爱祖国救民族的精神！"

"好，真了不起！"文天祥的话引起了老人家巨大的震动，他上前拍拍文天祥的肩膀，"小兄弟，如果宋朝的男儿都能像你这样有志气，我们的国家可就亡不了啦！"

夕阳收起了余晖，沉沉的暮霭（ǎi）笼罩着公祠的院落。直到夜幕初降的时候，文天祥才依依不舍地离开这里。

文天祥出生于一个小康家庭。据说，就在文天祥降生的头天晚上，祖父文时用梦见孙子腾云驾雾而来，因此，就给他取名"云孙"。

文天祥在家中是长兄，下面还有三个弟弟和三个妹妹。文天祥的父亲文仪，一生虽未取得功名，但学识渊博。文仪很喜欢竹子，所以他在自家屋旁种了一片竹林，又在竹林边建了一个小院，取名"傍林居"。这个幽雅别致的地方便成为文家父子朝夕攻读的所在。

有一天，父亲把7岁的文天祥叫到跟前，问他道："云孙，你知道爹爹为何如此喜欢竹子吗？"

文天祥不解地摇摇头。父亲看着那苍翠的竹林，意味深长地对他说："竹子苍翠挺拔，即使是在严冬，也枝叶茂盛，具有坚强不屈的性格；而竹心是空的，又表示它具有虚心的品德。云孙，做人就要像竹子那样，既坚忍不拔，又虚怀若谷啊！"年幼的文天祥听了父亲的话后连连点头，久久地注视着那片挺拔的竹林。从此，竹子那坚强不屈的性格和虚怀若谷的品德，深深地影响着文天祥的一生。

少年文天祥，不但喜好读书作诗，而且特别喜爱游泳和下棋。他少年时代的生活，可谓丰富多彩。

每到夏季，文天祥天天都要到富川河去游泳。他的游泳技术很好，常常独身一人横游过河。跳进澄碧的富川河，文天祥总感到心旷神怡。他特别喜欢到水流最急的地方去搏水，培养出了他浪遏激流、奋力向上的品质。少时游泳更使文天祥得到极好的身体锻炼，为他以后能在艰苦恶劣的环境下坚持抗元打下了良好的身体基础。

文天祥喜欢下棋，这大概是受了父亲的影响。父亲在茶余饭后，总要文天祥陪他下几局棋。文天祥少年时期的小伙伴刘洙（zhū）、肖耕山和周子善都是象棋好手。周子善后来成了南宋有名的象棋国手。小伙伴中，周子善比刘洙、肖耕山技高一等，但周子善却常败在文天祥的手下。

文天祥和周子善都会下盲棋。下盲棋就是不要棋盘，两人在脑子里记忆棋局。他俩常常在一起下盲棋，特别是每到夏天游泳时，两个人总是光着屁股躺在河滩上下盲棋。有一次，两

142

自古英雄出少年 立志篇

个小伙伴居然边游泳边下棋，游着游着，不知不觉，竟离开存放衣服的地方几里远。等到下完这局棋，两人才发觉，都忍不住大笑起来，结果笑得上气不接下气，弄得两人都呛了几口水。

还有一次，是在文天祥过 14 岁生日的那一天，小伙伴们都前来祝贺。一见面，文天祥高兴地说道："客来不必笼中羽，我爱无如橘里枰（píng）。"意思是说：生日的时候，客人来了，不必再像小鸟那样囚在笼中，可以尽情地玩自己喜爱的象棋了。

周子善也棋兴大发，说："好啊，咱们今日就下他个一日一夜如何？"结果两人真的下了整整一天，直到晚上戌时才告结束。

据说后来，文天祥的棋艺越来越精，还创作了败中取胜的"单骑见虏"等四十局象棋残局，足见他棋艺的高明。

文天祥从小就敬仰爱国义士。功课之余，他特别喜爱读忠臣烈士的传记，如《左传》《史记》等，他都读过。书中爱国志士为国家和民族临危不惧、抛头颅洒热血、舍生取义的动人事迹感召着文天祥，日久天长，爱国思想深深植入他幼小的心灵。

18 岁的时候，文天祥随父前往庐陵参加乡试。这时的文天祥就已是身材魁梧，目光炯炯，英俊轩昂。他的学识也已有了相当深厚的功力，因此，乡试他考了第一名。

就是在这个时期，长期生活栖居在北方的游牧民族蒙古人，已几番进攻南宋。面对如此严峻的局势，腐朽的南宋王朝统治者仍沉溺在声色享乐之中。看到这种局面，文天祥极为悲愤，他痛恨权贵们面对亡国危机竟然麻木不仁、熟视无睹，感到已是自己振奋而起、以身报国的时候了。于是在公元 1256 年，

20岁的文天祥怀着满腹诗书,抱着献身救国的大志,参加了朝廷的科举考试。

不巧,就在考试的前两天,文天祥生了病,整日头昏目眩,连饭也不能吃。但在殿试那天,他还是咬紧牙关,坚持去考试。文天祥拿到试题后,忽然感到多年积压在心中的想法终于有了申述之处,因而精神为之一振。他提起笔来,文思泉涌,运笔如飞,从清晨写到下午,近万字的文章不打草稿,一气呵成。文天祥考完下来,出了一身大汗,不料反倒一身轻松,病也好了。

皇天不负苦心人,这位壮志少年的考卷,被宋理宗看到了。理宗大加赞赏说:"此卷精通古义,恰似明镜,忠君爱国之心坚如铁石。此乃天之祥,宋之瑞也。"于是,理宗赐文天祥号宋瑞。据说最初文天祥名列第五,理宗亲自把他改为第一。文天祥在601个应选之人中,高中进士第一,也就是头名状元。

在公布中选名单的那天,皇帝赐宴及第进士。在宴会上进士们都要写谢恩诗。文天祥为了感激宋皇的恩义,也写了一首七律诗,其中有"第一胪(lú)传新渥(wò)重,报恩唯有厉清忠"两句,表达了文天祥发誓要以清节和忠诚报答朝廷的决心。

文天祥从此告别了那丰富多彩的少年时代,步入政坛,履行他的誓言,直到为民族的利益献出生命。

高怀德

【救国纾难，人人有责】

> 立志时龄：十来岁

高怀德，北宋一代名将，字藏用，出生于公元926年，真定常山（今河北正定西南）人。

高怀德出身于武将世家。他的父亲高行周，在五代时期，更是以雄武先后受到四朝重用。

高怀德出生在这样一个家庭，自幼喜欢玩枪弄棒。但他的父亲高行周却觉得，家中世代武将，置身沙场，多有死伤；如今怀德是个独苗，若继续习武，再战沙场，万一有个闪失，岂不绝了后？况且怀德自幼聪明，学诗吟赋过目不忘，何不让他弃武从文？于是，高行周便请了个家庭教师，来到军营，专教怀德学习经书。因此，高怀德从五六岁开始，便跟着老师读经书，而舞枪弄棒，只不过是作为游戏罢了。

但是，当时时局动乱，战争纷起，北边契丹族新建的辽国不断进犯中原。高怀德生活在军营，时常随军转战，他所看到的中原大地，是狼烟滚滚，兵戈连年，谁还顾得上去抵御外侵？于是乎，南夷北胡，趁机进犯，烧杀抢掠，无所不为，使得中原大地赤地千里，白骨遍野，民不聊生，逃难百姓遍地都是。

看着这些悲惨情景，高怀德对他的老师说："救国纾（shū）难，人人有责，这圣贤之书，我是一时读不下去了，你就改教兵法吧！我要习武，我要像父亲那样做将军，长大后，杀南夷，战北胡，保我中原。到那时，再读圣贤书也不晚啊！"

老师闻言，惊呆了，为他的一腔爱国热血所感动，于是，拍着他的肩膀说："好孩子，你小小年纪，就有这种救国于危难的志向，连我也不如你！我一定助你一臂之力！"

从此，高怀德在老师的指点下，攻读兵法，演习阵法；在武功方面，他争分夺秒，挥枪舞棒，骑马射箭，十八般武艺，样样苦练，技艺自然进步如飞。

这一日，高怀德正在地上演练阵法，不料他的父亲迎面走来，发现后不由得大怒，刚要对他进行指责，高怀德的老师走了过来，向他说明了高怀德改学兵法的经过。然后，老师又对高行周说："眼下时局，兵荒马乱，他又跟随你南征北战，也实在难以安心读书。更为可贵的，是他小小年纪，就有驱胡报国志向，岂不可喜可贺？再说，你现在偌大年纪，让他随军作战，既可得到锻炼，你身边又有个帮手，岂不更好？"

高行周听了，觉得先生说得有理，便回过头来，仔细看了看儿子演练的阵法，见其中也不乏布阵、破阵的奇招，就连他这个做了几十年将军,经历过上百次战役的人,也从来没有想到过。他便觉得儿子的确是个将才,遂转怒为喜,高兴地对老师说:"看来我们高家也只能出将而不能出相了。"言毕,三人一齐哈哈大笑起来。

高怀德十六七岁的时候,不但发育得虎背熊腰,力大过人,而且兵法谙(ān)熟,武艺精湛,在多次战斗中屡次展现才华,立下不少战功,十七岁便被提拔为牙将。

后晋开运初年(944),北部辽军大举南下,进犯后晋边境。后晋出帝石重贵下旨,任命高行周为北面前军都部元帅,率军北上,抗击辽军。此时,高怀德已经十七岁,能征善战,足智多谋,被提拔为牙将,成为高行周的得力助手,在全军上下享有很高威望。

对于这次北征,高行周感到辽军来势汹汹,定是一场恶战,生怕高怀德有闪失,准备让他留守后方。但高怀德却找到父亲,慷慨陈词,掷地有声地说:"父亲,常言道:养兵千日,用兵一时。孩儿当初弃文习武,为的就是有朝一日杀胡虏,保边疆;今日正是我实现抱负的大好时机,您怎么能够让我放弃去前线呢?"

众将士听了,备受感动,纷纷请求让其同行。高行周见儿子去意坚决,又有诸将求情,也就无可奈何地答应了。

高行周率领后晋大军,浩浩荡荡,昼行夜宿,来到河南濮(pú)阳时,见满目荒凉,人去城空;一些被烧毁的房子尚冒着余烟,便感到辽军已经来过,并离去不久。他立即下令部队停止前进,原地待命,召集将领研究退敌方案。最后决定,由高怀德带领前锋部队向前挺进,其他部队除留下部分守城外，全部以战斗队形向前进发。

高怀德率领先头部队，将要由南向北翻过一座山梁时，不承想在半山腰，正好遇上辽军大队人马由北向南而来，两军相遇，展开了一场厮杀。辽军依仗兵多将广，由高处向高怀德部压了下来，企图一举将其全歼。但高怀德心中明白，如果此时后退，将会让敌人居高临下，我军定会全军覆没；而如果迎头冲上去，有可能杀开一条血路，若抢占了有利地形，可能会把局势逆转过来。不过，这样做自己也一定要冒很大的危险。他想，没有一种超常人的胆略，也不会有超常规的胜利。于是，在两军激战的紧急关头，高怀德突然大吼一声："退则亡，进则生，冲啊！"

高怀德喊毕，抡起枪来，左扎右刺，如拼命三郎一般，率先向前冲去。辽军怎么也没有想到他会来这一手，便左右躲闪，被高怀德杀开一条血路。其他将士听得高怀德一喊，更是精神振奋，士气高涨，高喊着向上冲杀。就这样，晋军迎头而上，伤亡虽然重了一些，但不到一个时辰，便占领了山梁顶端。然后，高怀德又一声令下，对着由下向上扑来的辽军，众将士手搬脚蹬，将乱石倾盆大雨一般向下砸去。这一来，辽军被砸得脑浆迸裂，伤臂断腿，鬼哭狼嚎，乱成一团，如潮水般向山下退去。

高怀德见敌军被逼退去，急令将士在山梁上到处插上红旗，布上疑兵阵。然后，留下少数将士坚守，自带人马又杀下山去，以接应父亲高行周。

此时，高行周的坐骑腿部突然受伤，一下仆在地上，高行周也被摔下马来。与高行周对战的两员辽军副将一看，心中大喜,一个举锤,一个抡棍,猛地向高行周砸了过去。高行周心中绝望地叫了声:"我命休矣!"便闭上了眼睛。

忽听"乓""乓"两声巨响,他睁眼一看,原来是儿子骑马到了跟前,而那两个辽军副将却已倒地身亡。

说时迟,那时快,高怀德一个海底捞月,一把将父亲提上马来,另一只手持枪乱舞,杀出重围。其他将士这时也已赶到,把高行周接了过来,然后他们又一起杀声震天地回头冲向敌军。

辽军主帅眼见就要把被围晋军全歼,正在自鸣得意,想不到竟从"天上掉下来"一支人马,不但将晋军主帅救去,还为晋军解了重围。他恼羞成怒,正想发作,突然大叫一声:"不好!"一支箭已射中了他的左眼,只痛得他哇哇怪叫,用手捂住血流如注的眼睛,翻身上马,说了一声:"撤!"便不顾一切地落荒而逃。

原来,高怀德在救起父亲冲出重围的一刹那间,发现辽军主帅正在一把大黄盖伞下得意扬扬,不禁大怒。于是他把枪往嘴中一咬,腾出手来,拉弓搭箭,嗖的一声朝他射去,正中其左目。

辽军退去,晋军获胜,顿时上下欢腾,一下把高怀德举在了空中。

此一战,高怀德立了大功,显露了他的大智大勇,遂被封官晋级。

汤鹏

【死也要用铁打出画来】

立志时龄：14岁

汤鹏，字天池，祖籍徽州，清顺治、康熙年间的铁画艺人。汤鹏所创的铁画，世代相传，流芳中外。

安徽芜湖市的铁画，已成为出口产品，颇受外国人的欢迎。北京人民大会堂有一幅迎客松，就是铁画，制作者也是芜湖的艺人，据说此松还是铁画中的代表作，那苍劲的枝干，针形的树叶，配上几钩远山，确是气势不凡，别有韵味。

铁画的最先创作者是芜湖人汤鹏，约生活于顺治、康熙年间。汤鹏，原为北方平民家的孩子，由于明朝灭亡后，清军入关，父亲被害，便随着他的母亲避难来到了芜湖，靠母亲为富户当佣人维持生活。当他长到十二岁的时候，经人介绍，到一家铁匠铺里学打铁。

因他自幼聪慧机敏,读过书,写过诗,为人厚道,手脚又勤快,很得师傅喜欢。因此,别人三年学徒期满方可自立门户,而他只用了两年,就把全部手艺学到了手,经师傅同意,回到住处,在吉祥寺附近开了个铁匠铺,自立门户。由于他心灵手巧,技术高明,开业后生意倒还兴旺,挣的钱也够他们娘儿俩用的,母亲也不用再给人家当佣人了。

却说有一天,吉祥寺里的住持请一个著名画家前来作画,引来不少观众。汤鹏七八岁在学校读书时也喜欢画画,后来因为战乱,避祸于江南,一连五六年,再也没有想过读书画画的事。今日听说有著名画家在寺中作画,又勾起了他的求知欲望。所以在打铁的间隙,或者活少的时候,便前去观看。

开始,因为他怕人家嫌他脏,不敢近前;后来逐渐前移,竟移到了画家的画案边。那画家抬头一看,见一个十四五岁的孩子,衣服破烂,满身灰土,脸上只有眼珠看出有白的,其他部位全是黑的,于是对他大加训斥说:"你靠这么近干什么?快到一边去!"

汤鹏恳求道:"我想跟您学画画,就让我站近一点看吧!"

那画家冷笑道:"真是天大的笑话!一个打铁的,笨手笨脚,竟想学画画!快走吧,这里不是你待的地方!"

画家的冷言冷语,使汤鹏的自尊心受到了极大的伤害,毅然离去。

从此,他再也不去看那画家画画,专心致志地打起铁来。

这一日,他把为一位木匠打好的刻刀给人送去。当他来到木匠铺里,刚好看见那木匠正在雕龙刻凤,使他忽然想到:木匠能用刀刻画，我为什么不能用铁打画呢？

于是，他把想法给那木匠谈了谈。那木匠感到他的想法奇特，人又心灵手巧，很支持他去试试，并把刻好的一对龙和凤借给他去做模型。

他把木刻模型拿回后，便照着打了起来。

母亲问他说："画，我见过用笔画的，用木刻的，用针绣的，可从没见过用铁打的，能行吗？"

于是，汤鹏便把去寺庙看画受到画家侮辱的事说了一遍，并对母亲发誓说："请娘放心，儿子要的是尊严，死也要用铁打出画来。"

有志者，事竟成。几天后，汤鹏在他的小伙伴的帮助下，经过反复锤打，终于打成了龙和凤。

汤鹏把用铁打的龙和凤拿给木匠看，那木匠惊喜地说："好孩子，有志气，这龙和凤虽然神态呆板些，但毕竟是铁打的。祝贺你成功了。"

此后，他又去山中看花、看鸟、看青松，然后取回一些标本，照着打；母亲还为他找来了姑娘们的剪纸和绣花，他也照着打；小朋友给他抱来了小狗、小兔，他仍照着打。

三年之后，汤鹏经过反复实践，不断琢磨，又用了近半年的时间，打出了一幅《古松图》，并且请一些懂画的人前来观赏。大家看后，无不称赞这是个奇迹。

可汤鹏并不满足，他十分谦虚地对大家说："我把叔叔伯伯们请来，并不是为了显示我的画如何好，而是请大家把这幅画和用笔画的画比比有何不同，然后提出意见，使我能进一步提高。"

众人见汤鹏年纪虽小，语言诚恳，都从心眼里佩服他，于是又仔细地审视这幅画，提出了不少改进的意见。

汤鹏听后，请大家先不要离开，立即取下画来，放在熊熊的烈火中，把它烧得红红的，接着把手伸进冷水中，浸泡了一会儿，然后突然快速地在打好的《古松图》上捏起来。

人们在吱吱的响声中，看到那画一点一点地改变了模样。

就这样，经过火烧手捏，反复了几次，当汤鹏把画又挂在墙上，再次请大家提宝贵意见的时候，人们才从惊呆中回过神来。

一位过路僧人看了汤鹏作画的过程，在众人评论过后，心情十分激动地对汤鹏说："孩子，你的人格像铁打的一般，骨硬志坚，可画的确是用铁打成的，我就冒昧地为它取个名字，叫作'铁画'吧！"

没等汤鹏开口，众人便抢先称赞"铁画"这名字取得好。

从此，汤鹏打造铁画一发而不可收。《赭(zhě)山双塔》《镜湖垂柳》《秋色野菊》《楚江天门》《龙凤呈祥》《双马奔驰》《武松打虎》《嫦娥奔月》等等各具形态的铁画相继问世。山水人物，草虫花卉，千姿百态，各尽其妙。人们称赞汤鹏的铁画是画中瑰宝、画坛绝技。达官显贵、富豪乡绅争购铁画，悬挂室内；或制成铁画灯，高吊棚顶，以示豪华富贵。谁家没有一幅铁画，那就显示不了是有身份的人家。因此，不但芜湖人争购铁画，就连远方的外地人，也千方百计来购买铁画。

玄烨

【少年立志理天下】

立志时龄：6岁

清圣祖康熙，姓爱新觉罗，名玄烨，是清军入关后的第二代皇帝，也是在中国帝王史上才华横溢，最富有传奇色彩的皇帝。他的治国才华和卓越智慧，在青少年时代已崭露头角了。

史载，玄烨的母亲佟氏，是汉人佟国赖的女儿，后被选入宫，成为清世祖顺治的妃子。由于佟氏机警聪慧，又通诗词，很得顺治宠爱。

佟氏怀孕后，有一天去太后处请安。佟氏请安完毕退出时，太后忽然发现她的衣裙内金光四射，似有龙在她身上盘绕，不由得大惊。当她知道佟妃已经怀孕后，便对顺治说："佟妃怀孕后有如此吉祥之兆，看来她生下的儿子必为大福，很有可能就是你未来的继承人。"

顺治听后，心中大喜，从此看待佟氏自然和其他妃子不同，更是格外宠爱。

对于皇家史臣这种牵强附会的说法，当然不可信。然而玄烨出生时，其哭声洪亮，额高脑大，两目有光，耳垂大且厚，不同于一般婴儿，与后来他那奇伟的相貌、英俊的仪表、说话时声若洪钟的特点，却是无疑。正是由于玄烨有着与众不同的特点，他刚出生后，顺治还是很喜欢他的，并有将来让他继位的想法。可是不久，由于顺治迷恋上了另一个妃子，对玄烨就不大喜欢了，并且以没有出过天花为由，命人将他抱到宫外去养育，也没有将来传位给他的想法。后经佟氏再三向太后请求，直到玄烨两岁时，经过太后同意，玄烨才又回到了母亲的身边。

当玄烨回到母亲身边后，佟氏为了使儿子早日成才，从这个时候开始，便教他识字、背诗，四五岁时教他学习《千字文》和《论语》。因此，当他长到五六岁的时候，便已知书达理。与其他皇子相比，其所不同的就是其他皇子喜欢骑射，而唯独玄烨喜欢读书，尤其喜欢读历史书。

顺治发现玄烨这一特点后，便又喜欢他了。这是因为，当初顺治五六岁时，也是喜欢读书的，可是自他继承皇位后，多尔衮（gǔn）为了达到篡夺皇位的目的，不让他读书。直到他十四岁时，多尔衮死去，他亲政后，方感到没有文化无法批阅大臣奏折的难处，才开始夜以继日地读书。所以，当顺治发现玄烨像他当初那样喜欢读书时，心中有说不出的高兴，并且专门找了一位汉人学者教他。

为了检验玄烨与其他皇子的不同志向，在玄烨六岁那年的一天，顺治把几个儿子叫到一起，当面逐个测试。

顺治首先问玄烨的哥哥福全："你将来想做个什么官呀？"

福全说："愿做一个贤王。"

顺治听了，没有作声。

玄烨的弟弟常宁，此时只有三岁，也抢着回答，可他咿咿呀呀地说了一通，顺治却连一句也没有听清。

顺治见玄烨垂手而立，稳重而沉着，便有几分高兴，于是问他道："玄烨你呢？"

玄烨略微思考了一下，朗声答道："愿效法父王，治理天下。"

顺治听后，感到此儿果然不同凡响，满意地点了点头说："好，我儿果然有志气。"

此后，顺治才又一次产生了让玄烨继位的念头。

公元1661年，顺治皇帝病死，遗诏命第三子玄烨继位，令异姓功臣索尼、苏克萨哈、遏必隆和鳌拜四人辅政。于是，玄烨在孝庄太皇太后的亲自主持下登上皇位，第二年，改年号为康熙元年，故又称康熙皇帝。当时，康熙年仅八岁。

康熙即位不久，有一天，祖母孝庄太皇太后笑着问他说："你当上了皇帝，有什么想法吗？"

康熙沉思了一下说："希望天下太平，不再打仗，没有灾荒，人人安居乐业，都能过上祥和幸福的日子。"

太皇太后听后，心中很是高兴，感到她这个孙子年龄虽小，却富有心计，将来一定能治理好国家。

事实正像孝庄太皇太后所预料的那样,康熙的确是个很有心计的皇帝。他即位后,由于年幼,虽然还没有亲政,却时刻注视着朝廷中的事态变化。不久,他便发现,在四位辅政大臣中,索尼、苏克萨哈、遏必隆辅佐精心,对他也很尊重;只有鳌拜自恃有功,十分跋扈。顺治本来遗嘱四位大臣共同辅政,可鳌拜却往往独揽大权,遇事不和其他三位大臣商量,由他一人说了算。康熙还发现,鳌拜为了专权,在朝中拉帮结伙,安插亲信,将他的儿子和心腹大臣都逐步安插到了重要位置上,已在朝中形成了一股强大的恶势力。特别是在康熙亲政以后,鳌拜连康熙也不放在眼里。对国家大事,他常常是在家和亲信商量决定之后,再去逼皇帝表态,康熙稍有异议,他便大吵大闹;而对康熙想办的事,他则千方百计地编造理由,迫使康熙放弃不办,以显示他凌驾于皇帝之上的权威。

于是,康熙下决心除掉他。康熙知道,要除掉鳌拜,也不是一件容易的事,因为他不但手握兵权,而且在朝中实力雄厚,必须从长计议。因此,他首先采取了"欲擒故纵"的麻痹战术。为了彻底消除鳌拜对他的怀疑,康熙在回宫的第二天,便下诏为鳌拜父子封官加爵。不久,他又把武艺超群,身怀绝技,而又对他忠心耿耿的索额图调到自己身边,担任一等护卫。接着,康熙便开始了他的第三步行动,亲自从皇族中挑选了百余名十四五岁的少年,名义上是陪他练摔跤,实际上是做卫士。

康熙感到一切准备就绪,便召鳌拜入宫议事。

鳌拜以为康熙毕竟是个年幼无知的孩子,没有识破他的阴谋；特别是前几天，他突然入宫求见，也是为了探听虚实。当他看到康熙正和一帮小孩做游戏，无忧无虑，十分贪玩，进一步证实了他对康熙的看法，便消除了对康熙的怀疑。因此，今日在接到皇帝召他入宫议事的诏令后，便和往常一样，大摇大摆地来到宫中，并不下跪，昂首问道："皇上召臣前来，有何事要议？"

不料康熙却突然一拍御案，大声说道："鳌拜，你知罪吗？"

鳌拜猛地一惊，随后便又目空一切地哈哈大笑说："想我鳌拜奉先帝诏命，辅佐皇上八年，一向忠心耿耿，尽心尽职，帮您管理国家，治理朝政，何罪之有？"

康熙道："你欺朕年少，恣意妄为，结党营私，擅杀大臣，还敢说无罪吗？"

随后，康熙又大喝一声："来人，给我把这乱臣立即拿下！"

接着，预先埋伏两厢的百余名少年突然跳出，扑向鳌拜。鳌拜大惊，急忙跳起身来，准备夺路而逃。索额图哪肯让他逃走？遂一马当先，扑了过去，抱住了鳌拜的双腿；其他少年一拥而上，有的抱腰，有的扭胳膊，有的勒脖子。鳌拜虽然是员武将，可手无兵刃，即使力气再大，武功再高，怎能抵得了这帮精于摔跤的少年？结果不一会儿，鳌拜便被折腾得没劲了，被按倒在地上，捆了个结结实实。

鳌拜被捉后，康熙当即招来议事王和众大臣，令他们审讯，最后议定鳌拜犯有三十条罪状，按大清法律，应判处死刑。直到此时，鳌拜一扫往日的威风，对其所犯罪行供认不讳，连连向康熙磕头求饶。

众大臣见了,无不心中暗笑说:"这老贼原来也是个怕死鬼!"

康熙念鳌拜毕竟是先王遗命辅臣,往年又有战功,便下诏免他一死,改判终身监禁。

康熙一举除掉鳌拜,既充分显示了他的聪明才智,又初露了他柔中寓刚的性格,朝廷上下没有不敬服的,为他日后施展才华,实现多民族国家的统一,开创"康乾盛世"的局面准备了条件。

冯如

【梦想在蓝天】

立志时龄：12岁

冯如，生于广东恩平，生于一个贫农家庭。他认为国家富强必须依靠工艺的发达，改变中国贫穷落后面貌非学习机械、发展工艺不可。他是第一个研究、制造出飞机并试飞获得成功的中国人。

1909年9月，在美国的奥克兰城郊上空，一架搏击长空的"雏鹰"，正舒展那扁平的长机翼，在飞速旋转的螺旋桨牵引下，一会儿朝左拐，一会儿向右弯，一会儿翻滚，一会儿盘旋，那矫健的动作，博得地面观看者不住地喝彩。

飞机安全降落后，人们便拥上前来，向正跨出座舱的驾驶员表示热烈的祝贺，有的还用夹杂着英语的中国话在喊叫："中国……真了不起……第一架……第一次……第一名……第一……"

驾驶员是一个矮个子的中国人,他激动地站在舷梯上朝人们挥手致意,嘴里还喃喃地说:"为了祖国……为了祖国的强盛……我要继续努力。"

设计和制造中国第一架飞机,并驾驶着它首次试飞成功,为祖国在世界早期航空史上赢得了荣誉的年轻人,名叫冯如。

冯如,广东恩平人,从小聪颖灵巧,爱好科学技术,常用火柴盒制作轮船等玩具。他手艺高超,所制玩具好像真的一样,经常博得老师和同学的好评。

十二岁这年,冯如收到舅父从美国的来信,劝他到美国旧金山去学艺谋生。他的父母亲看到冯如幼小,舍不得放他远行,要他长大后出去。冯如知道后,马上劝导父母亲,说:"大丈夫要以四海为家,我不愿意一辈子住在老家。长大后反正要走,迟走不如早走。儿去美国的决心已定,请双亲大人勿要挽留我。"

父母亲看到小冯如决心大,只好放他远走,让他出洋谋生。

小冯如阔别亲友、故乡和祖国,搭上海轮,乘风破浪,横渡一望无际的太平洋,抵达美国旧金山三藩市当童工。

那时候,美国的工商业已相当发达,飞驰的火车,破浪的海轮,巨大的机器,精巧的工艺,繁华的都市,使得小冯如看得眼花缭乱,心驰神往。他本来喜欢机器制造,这一来,使他更加热爱机器了。

岁月过得真快,冯如不知不觉地到了十八岁,长大成人了。这一年,他离开旧金山三藩市到美国第一大城市——纽约去做工。

纽约的工商业比旧金山还要发达，冯如在纽约一面做工，一面自学，经过几年的努力，他学到了许多本领。白天劳动时，他仔细地观察机器的性能和构造，晚上刻苦攻读机械学书籍，没过几年，就积累了广博的知识，制成了抽水机、打桩机，改良了无线电发报机等机器。他制作的无线电发报机灵敏准确，能发能收，效果良好。

1904年，日本和俄国在我国东北爆发了日俄战争，给东北的同胞带来巨大的灾祸。身在异国的冯如十分关怀祖国和同胞的命运，他常常和伙伴们议论祖国的政局，为祖国的前途而忧虑。

有一次，冯如和几个好友议论怎样加强祖国的国防，抗击外国侵略的问题时，冯如慷慨激昂地说："日俄战争对祖国是大不利的。由于祖国贫弱，所以各帝国主义敢于在我们祖国土地上横行霸道。你们说对吗？"

"对。"几个友人异口同声地答道。

"用什么办法去抗击帝国主义侵略呢？"冯如问道。

几位好友面面相觑，一时回答不上。

冯如继续说："我以为，抗击帝国主义入侵最好的办法，就是使祖国富强起来。强，首先要有强大的国防。依我看，当今是竞争的时代，飞机为军事上不可缺少的装备，如果耗费巨款去造战舰，倒不如造几百架飞机更好。倘若中国有一千几百架飞机，就可以分守港口，足以对付入侵者了。"

好友们听了冯如的话，觉得很有道理，大家都表示赞同。

接着，冯如又侃侃而谈："兵器中最厉害的莫过于飞机了，所以我立誓提倡制造飞机，以报效祖国。"从这时开始，冯如立志献身于祖国的航空事业。

过了两年，冯如从纽约回到旧金山，提出"壮大祖国，挽回利权"的口号，向当地华侨集资一千多美元，准备创办飞机制造公司。

第二年，冯如在旧金山奥克兰租了一间房子，配备了三位华侨青年做助手，开始试制飞机。

冯如虽然酷爱机器制造，并且学得了一身好手艺，但是，制造飞机毕竟还是第一次。由于试制飞机难度高，经验少，所以，一次又一次遭到了失败。经过几十次的试验，克服了无数的困难，最后才试制成功。

飞机试制成功后，谁来试飞呢？那时，航空事业刚刚萌发，制造飞机的人很少，驾驶飞机的人更少，往哪儿去找呢？大家正在左右为难的时候，冯如挺身而出，他说："我来试飞！"

试飞是一桩危险的事，大家都为冯如的安全而担忧。可是冯如却毫无惧色，毅然登上飞机驾驶室。发动机隆隆地响了一会，飞机突然起飞了，一下子飞到了几丈高的空中！大家看到飞机上天，情不自禁地欢呼跳跃起来了。不知怎的，就在这一刹那间，飞机突然下跌坠在地上。

大家给这一突如其来的坠机吓慌了，急忙走上前去看望冯如，都以为冯如凶多吉少，幸好冯如从机舱里钻了出来，死里逃生。大家看到冯如平安，又惊又喜，劝他以后不要再试飞了。

冯如毫不动摇，打算继续试飞。他花了大量时间，翻阅飞机结构方面的资料和图纸，改进飞机的制造。在他正计划进行第二次试飞时,住在祖国的父亲、母亲不断来信催他返回故乡团聚。

三位助手禁不住在私下议论:

"在这个关键的时刻,冯如一离开,飞机的制造工作岂不半途而废了?"

"可做父母的盼儿子回去共享天伦之乐,这又叫我们怎么开得了口阻拦?"

"打心底里讲,真不希望冯如现在离开呀!"

冯如了解助手们的忧虑,便立下豪语:"飞机不成,誓不返国!"

经过两年的艰苦奋斗,冯如终于制成了一架莱特式飞机。这架飞机的机翼、方向舵、螺旋桨、内燃机等等大小部件全是冯如等人自己制造的。冯如驾驶着这架由自己改进的飞机,在奥克兰市上空自由地盘旋、翱翔了800多米,并安然着地。试飞成功了!冯如和他的好友们都高兴得跳了起来,因为他们揭开了中国航空史的第一页。

盖叫天

【我偏要叫"盖叫天"】

立志时龄：13岁

盖叫天，是中国当代京剧表演艺术家，原名张英杰，号燕南，直隶高阳（今河北）人。他从小入天津隆庆利科班习武生，后改老生，倒嗓①后仍演武生，长期在上海一带演出。盖叫天在戏曲界以勤学苦练著称，虽曾断臂折腿，但仍然坚持不懈地进行艺术创造。演出剧目以短打武生为主，注重造型美，讲究表现人物的神情气质，武戏文唱，形成独特的艺术风格，创立武生行当中的"盖派"。

旧社会靠唱戏吃饭的艺术家都有一个艺名，艺名就是广告或招牌。

---

① 倒嗓：这里指男孩变声期后嗓音不再清脆动听。

盖叫天原名张英杰,他在天津隆庆利科班学武生戏时,跟斗翻得特别好。那一个紧接一个的跟斗,直让人看得眼花缭乱,所以他的师傅就给他取了个艺名叫"紧斗子"。

"紧斗子"出科班以后,还常演老生戏。传统京剧里的老生是以唱做见长的,不需要翻跟斗。这样原来的艺名"紧斗子"就有点不伦不类了。到底取一个什么艺名好呢?初出茅庐的张英杰为此大伤脑筋。

当时,京剧舞台上最活跃的表演艺术家要算是谭鑫培先生了。谭鑫培的父亲谭志道艺名"叫天子",所以谭老板①就起了个"小叫天"的艺名,意思是"能叫响天下的著名老旦谭志道的儿子"。谭鑫培在老生行中,当时与孙菊仙、汪桂芬齐名,1900年以后成了京剧界的代表人物,以致有"无腔不学谭"之说,门生徒弟遍布大江南北。

张英杰虽然不是谭门弟子,但是他对谭派艺术向往已久。因此,他便想出个"小小叫天"的艺名,意思是他是"小叫天"的后辈弟子。

不料他的这个艺名却在戏班子里招来了一阵非议。

有一天演完戏,大家都在卸妆。他听到戏班子里有个人在议论他,而且有意无意地说给他听。

"伙计,你听说咱班子里出了一件新鲜事了吗?"一个演员神秘的声音隐隐地飘进了张英杰的耳朵。

---

① 老板:旧时戏班的"名角"往往是班主,与演出场地收入分账。后来约定俗成,即使"角"不是班主,也尊称"老板"。

"什么事?"这是另一个演员的声音。

"那个才出科班入戏班不久的张英杰,竟要改艺名为'小小叫天'。他也不撒泡尿照照自己,他配这个艺名吗?"

"那敢情是。他这叫作'蚍蜉(pí fú)撼树不自量',传扬出去不笑话死人?"

"依我看,张英杰干脆改艺名叫'小小没天'得了……"

"哈……"

这两人一唱一和的对话和嘲笑声,极其深刻地印在张英杰的脑子里。为了表明自己的志向,他干脆把"小小叫天"改名为"盖叫天",意思是他在艺术成就上一定要"盖过"谭鑫培的父亲,更不要说是"小叫天"谭鑫培了。从"小小叫天"改名为"盖叫天",这对于一个初出茅庐的戏曲演员来说,需要多大的艺术勇气呀!

"让戏班子里的人议论和嘲笑去吧。我张英杰一定要在这京剧舞台上弄出点名堂来!"这一年小盖叫天13岁,却时常这样鼓励自己。

从立志到实现自己的愿望,中间有许多崎岖的山路。

盖叫天遵照前辈艺人的教导,"拳不离手,曲不离口",做到"夏练三伏,冬练三九"。他不但几十年如一日地坚持练功,还特别善于从生活中汲取营养。

为了练出犀利的眼神和英武的姿态,他特地驯养了一只老鹰。每天都定时放鹰、驯鹰,有时甚至还要和老鹰展开"殊死"的搏斗。

有一次,他觉得老鹰和他相处日久,对他总是温顺有加,

168

自古英雄出少年 立志篇

不再像一头凶猛雄健、高翔天宇的空中之王了。于是他有意把老鹰饿了两天,当他与饿鹰再次接触时,那老鹰可就"恨死"他了,从梁上直扑下来要啄他的眼睛。

盖叫天心中一惊,低头一闪,顺势就把饿鹰压在地上,下意识地表演了极有艺术美感的"鹰展翅"的动作身段。后来他把这一招反复琢磨,加工提炼成武松在十字坡前的那一套堪称武生绝活的身段。

盖叫天很爱吃面条,常常到面铺里去买面条。有一天,那从压面机里滚压出来的匀称的"面片"触发了他的灵感。他想到武生常有踢"大带"的动作,过去踢"大带",那前端的穗子总会显得十分凌乱。

"能不能像压面片一样,把腹前的大带踢得利落漂亮呢?"盖叫天想到这里,就不由得在面店里踢开了。

面店伙计笑着对他说:"张老师,面条一会儿就压得了,不会耽误您的练功。"

盖叫天知道伙计误会了他的意思,也不说什么,拿起面条就直奔练功房。

踢呀,踢呀,他几乎忘了饥饿。经过反复思考和实践,"大带"已经踢得相当有水平了。他只要抬脚轻轻一踢,腹前的"大带"就会成为一个美妙的弧形拂上肩头,而穗子却一丝不乱。

诸种艺术都有相通之处,盖叫天从书法艺术中也汲取了不少营养。

盖叫天的客厅里有两幅字画,一幅是草书,字极大;还有一幅是水墨画《云中龙》。

盖叫天每天都要对这两幅画出神地看上一会儿。一天,他觉得草书中有一个"少"字似乎在他眼里"活"了起来。他觉得"少"字那一撇干脆有力,很像是一个盖世英雄斜踢出去的一条腿。他反复琢磨,这"少"字似乎又变成了武松向西门庆踢去的一脚……

过不多久,细心的老观众就发现号称"江南活武松"的盖叫天又有了新的绝招。他在《狮子楼》中表演与西门庆的打斗时,上身纹丝不动,单腿飞出,干净利落,极有力度和艺术魅力。

《云中龙》则有一种朦胧缥缈的意境,他在演《一箭仇》时,那腾空"静止"一二秒的动作,就是从那幅《云中龙》中感悟演化出来的。

他还常常在屋里观察那袅袅升起的烟柱。一炷香点完了,又接着点另一炷香。他在烟柱中看出了特有的线条美,并成功地把这种线条美运用于武松手舞单刀和开打时转身的身段。

武生演员经常在舞台上摸爬滚打,有时也免不了会出"事故"。有一次他在演《花蝴蝶》时不幸折断了左臂,后来演《狮子楼》时又折断了右腿。最令人惊叹的是他对断骨右腿的态度。

医生在给他接右腿断骨时不慎接错了位,这对他的艺术生涯是极大的摧残。为了能再次攀登艺术高峰,盖叫天硬是再次把那接错的右腿骨打断,让另一个比较高明的医生重新接骨。可见他对戏曲艺术意志之坚。

盖叫天在继承前人艺术实践的基础上,不断创新,不断探究剧中人物的精神气质和造型美,终于形成了具有独特艺术风格的戏曲武生新流派。

林觉民

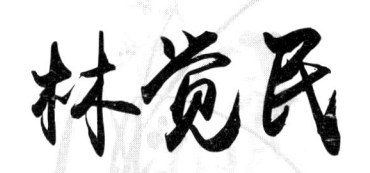

【要为天下人谋永福】

立志时龄：14岁

林觉民，福建闽县（今福州市）人，革命先驱，黄花岗七十二烈士之一。

林觉民八岁时，母亲去世了，由父亲一手培育成人。十四岁那年，他进入福建高等学堂读书，从此，开始阅读新的书刊，接触民主革命思想。

他天资聪颖，学习努力，接受新事物的能力很强。对西方资产阶级关于"自由""平等"的学说，他颇为推崇。他性格刚强，敢于出头露面。因此，每当学校闹风潮的时候，他总是挺身而出，首当其冲，全校闻名，所以被大家推为领袖。这时，林觉民已确立了革命的思想。他在课余时，常常对同学们说："中国非革命无以自强。"不少同学在他的启发下，也倾向革命。

毕业后，林觉民打算留学日本，继续深造，探索救国救民的真理。经过父亲的同意，1907年，他辞别妻子和一岁的儿子，东渡日本，自费留学。

起初，林觉民在日本东京专习日语，后来，进入庆应大学文科，学习哲学，兼学英语和德语。

林觉民一面努力学习，一面积极参加各种爱国活动。有一次，他和同学们一起，议论国是，有的同学，谈到祖国灾难深重的时候，不禁泣涕零零。林觉民突然站立起来，大声疾呼："祖国面临危亡，好男儿应当以死报效，有什么可哭泣的呢？我们都以壮士自许，更应当仗剑而起，解决根本问题。这样，祖国虽处于累卵般的危险，仍可挽救。"大家听了，很受感动，决心去掉泪水，换上斗志。

林觉民在日本不断结交有血性的爱国青年，积极参与爱国革命活动的情况，被父亲知道了。父亲担心会引起意外，常常从国内写信来劝导，要他多读书，少交友，万事都要小心谨慎。林觉民对父亲的感情是很深的，他知道父亲很疼爱他。为了不使父亲担忧，他回信给父亲，说："父亲大人，你所不安的，怕儿学非所用，将来遭有杀身之祸。其实是不必要的。因为儿今天学习的是文科。文科主要是学习心理、伦理等学问，难道会有学习心理、伦理的人而得祸的事吗？请大人安心。"林觉民坚信自己所从事的革命事业是正义的、崇高的，所以，他一面写信安慰父亲，一面继续扩大社交，不断参加爱国活动和革命斗争。

1911年春天，同盟会挑选参加广州起义的敢死队，他马上报名，并参与了筹备工作，第一批由日本来到香港。

统筹部领导人黄兴见到林觉民到来，十分高兴，说："意洞（林觉民的号），你来参加起义，这是天赞助我啊。筹备起义，不可一日没有你啊！"

林觉民说："过奖了，过奖了。有什么任务，尽管吩咐。"

根据统筹部的意见，林觉民回福建家乡，负责动员志士参加起义。他去家乡，前后仅十天，就赶回香港。这次动员，效果很好，许多福建籍的同志都来参加战斗，为起义组织了力量，扩大了影响。

起义前三天的一个夜晚，他坐在灯下，静静地写了两封绝笔书，一封给父亲，一封给妻子陈意映。绝笔书从深夜开始写，一直写到天亮，才写完。

林觉民是由父亲养育成人的，对父亲的感情很深，但他知道，干革命是必须严守秘密的，就是自己的亲人，也不能实话实说。他回家乡去招募志士的时候，父亲问他回家来有什么事？他应付说，是陪伴日本的同学来中国游览的。直到写绝笔书时，也只是含含糊糊地告诉父亲。他在信上说："父亲大人：儿死了，连累大人吃苦，弟妹缺衣少食，全赖大人想办法。然而，我这样做，对全国同胞却是有所补益的。"林觉民是个懂得家庭辛酸的人，他知道，自己死后会给父亲带来莫大的痛苦，但是为了拯救祖国免于灭亡，拯救同胞免于苦难，他毅然选择了以身殉国的革命道路。

林觉民给妻子的绝命书，是写在一块洁白的方形手帕上的，全文一千余字，字里行间充满着对妻子儿女的爱恋之情和对国家的激动之心，他把爱情和激情有机地融合在一起，把个人和国家完全融成一体。他在信上说："意映卿卿，我写信，就好像看到了你。我今天写这封信和你永别了！我写信时，还是世界上的一个人；你看信时，我已不在人世了。你知道吗，我写这封信时，泪珠和笔墨齐下，没有写完我就想搁笔不写了。但又恐怕你不了解我的一片衷心，说我心肠狠，丢了你而死，说我不知道你是不愿意我死的，所以就忍受着悲痛为你写信。"林觉民和妻子感情很好。他真舍不得丢了妻子。但是，他深深懂得，个人的幸福固然可贵，然而天下人的幸福更为重要。为天下的幸福而丢弃个人的幸福，是崇高的，值得追求的。

接着，他向妻子详尽地诉说这个道理。他说："我是非常爱你的。正因为爱你，所以能使我勇敢地立志捐躯，为国牺牲。我自从和你相识以来，常常希望天下有情的人都成眷属。然而如今遍地腥云，满街狼犬，有多少人能称心快意呢？怎么办啊？我只有将自己爱你的心，去帮助天下人，爱他们所爱的人。所以，我敢先你而死，而不顾你了。希望你能体谅我，不要过分悲伤，也要给天下人着想，应当把失去我作为乐处，为天下人去谋永福。"他将人民的幸福摆在第一位，并且将个人和家庭无条件地服从人民的利益，为人民的利益而乐于牺牲自己。这种爱国爱民的崇高思想，永远值得我们学习。

林觉民的儿子叫依新，这年已经五岁了，他的妻子又有了身孕。他在信中殷切期望，将孩子培育成人，继承父业。他说："我死了毫无遗憾，革命成不成功，还有同志们在世。依新已五岁,转眼成人,希望你好好抚育他,使他像我。你已怀孕了,我猜想是个女孩子,女孩子一定像你,我心中真高兴;如是男孩子,也要教育他,以父亲的志向为志向,这样,我死后,还有两个意洞在呢。很好!很好!"

写完绝笔书后,他将信交给了另一同志,托付说:"我将牺牲,请你代为转送。"这位同志接过信,眼圈霎时红了。直到林觉民殉难以后,这封遗书才转到了他的妻子手中。他的妻子看了信后,虽然内心异常悲痛,但也觉得自己有了这样一位革命的丈夫而骄傲。

林觉民被捕以后,完全依照绝笔书上写的那样,抱定死的决心,与清吏展开了坚决的斗争。两广总督张鸣岐等清朝高官亲自提审林觉民。清吏问:"林觉民,你为什么要反对清朝朝廷?"

林觉民乘机在公堂上侃侃而谈,他议论了世界的大势,各国的时事,中国的落后,清政府的腐朽。不少清朝官吏听得瞠目结舌,暗暗钦佩。张鸣岐下令去掉林觉民手脚上的镣铐,叫左右取来笔墨纸张,要林觉民笔供。林觉民毫不推辞,执笔就写,一口气写成洋洋几千字的"自供状"。

写完以后,他手拿"自供状",又在公堂上发表演说。当他讲到中国受列强欺凌和清朝政府腐败无能的时候,他愤怒极了,捶胸顿足,痛不欲生。他又奉劝清朝官吏,洗心革面,去除暴政。最后,他又说,只要祖国安定富强,自己死了也瞑目。

审讯结束了,两广总督张鸣岐对旁边的一位师爷轻轻地说:"可惜呀!林觉民。他面貌如玉,肝肠如铁,心地光明如雪,真可算得是个奇男子。"

师爷急忙说:"这样的人才,正是国家的元气,大帅可以成全他呀!"

张鸣岐听后,立即凶相毕露,说:"这样好的人才,留给逆党,那岂不是为虎添翼,还了得!"说罢,马上下令,将林觉民判处死刑。

林觉民毫无惧色,镇定自如,从容就义。

林觉民的牺牲,有力地激励着千千万万的革命后继者。

茅以升
【立志造大桥】

立志时龄：11岁

茅以升是我国著名的桥梁专家。汹涌澎湃的钱塘江上的大铁桥，是他设计并领导施工的。建设亚洲第一座现代化大桥——武汉长江大桥时，他担任技术顾问委员会委员，并负责指挥设计和施工。一座座巍峨矗立的大桥，倾注了他无数辛勤的汗水和心血……

1907年的端午节，在茅以升的家乡南京市，举行了一场热闹非常的龙舟比赛。秦淮河两岸以及文德桥上，黑压压地挤满了观众。

刚刚年满11岁的茅以升，早就热切地盼望这一天的到来。但是不巧得很，就在端午节的前一天晚上，他突然病了，不得不躺倒在床上。他把希望寄托在小伙伴们身上，热切地盼望他们快些回来,给他讲一讲赛龙船的盛况。

谁知小伙伴们却是慌慌张张地跑回来。

"不好了,秦淮河上出事了!"大家气喘吁吁地说。

"怎么啦?"茅以升惊愣了一下,慢慢坐起身来问,"是龙船翻了吗?"

"不,是看赛龙船的人太多,把文德桥压塌了!"

"幸亏你没去,要是去了,说不定也掉到河里去了。"

小伙伴们七嘴八舌,边说边觉得后怕。

"文德桥?"茅以升仍是丈二和尚摸不着头脑,"文德桥怎么会塌呢?"

"不结实呗!"小伙伴们异口同声地回答。

"掉到河里的人多吗?"

"可多了!当时河里岸上,哭声一片,别提多惨了!"

听到这里,茅以升两眼噙满了泪花。他直愣愣地望着天花板,脑际中闪现出文德桥下的惨景。

"我长大了——一定要学习造桥,为咱们老百姓造结结实实、永不倒塌的桥!"茅以升突然用颤抖的声音发誓般地说。

"好孩子,有志气!"父亲走过来,赞许地拍拍儿子的肩膀,给他以深沉的鼓励。

从此,茅以升幼小的头脑,便被"桥"这个字眼牢牢占据了。

大人带他外出,只要见到桥,不管是石桥还是木桥,他总要在桥上桥下来回奔走,从桥面看到桥桩,兴趣盎然,流连忘返,从来没有个看够的时候。

阅读古典诗文,只要读到有关桥的句子或者段落,他总会立刻抄在本子上；见到有关桥的画面，也会像珍宝似的收藏起来。

有一次，茅以升听到了一个神话故事——7月7日，牛郎织女盼望相会，无奈天河阻隔，这时有一群喜鹊飞到天河上，架起了"鹊桥"，使牛郎织女如愿以偿，相会在天河之上……

听了这美丽的传说，茅以升不由自主地喃喃自语："喜鹊能架桥，我要是喜鹊，那该多好呵！"

有一天，爷爷又给茅以升讲了一个"神笔马良的故事"。古时候，有一位爱画画的孩子叫马良，他有一支"神笔"，用它画鸟，鸟能在天空飞；用它画鱼，鱼会在水里游；用它画楼，一座座高楼便拔地而起……

"那用它画桥呢？"听得入迷的茅以升，全部精神的注意点，仍旧是集中在桥上。

"桥就如彩虹一般，飞架在江河上呗！"爷爷哈哈大笑着说。

"爷爷，到底上哪儿才能找到这支神笔呢？"茅以升急不可耐地问爷爷。

"这可有个秘诀呀。"爷爷故意做出神秘的样子慢条斯理地说。

"什么秘诀？好爷爷，你快告诉我！我一定要找到'神笔'，画出最美最结实的大桥！"茅以升拉住爷爷的手，又摇又晃，几近恳求地说。

爷爷拿起毛笔，郑重其事地在茅以升的手心里写下"勤奋"二字，而后语重心长地说："孩子，这就是'神笔'的真正秘诀。

你只要掌握了这两个字,无论什么大桥、高楼,都能从你的笔下设计出来……"

茅以升重重地点点头,他终于理解了爷爷的良苦用心。他想,不论学什么,不下苦功是学不会的。因此,每天早晨他都到河边去,背诵爷爷给他讲的古诗古文。河上的渔船他不去看,树上的鸟叫他不去听。有一回,他捧着书本被什么东西撞了一下,不禁喊道:"你为什么打我!"可是抬头一看,面前竟是一棵大树。过路的人们见了,都笑着说:"这个小孩真是个书呆子!"

岂不知读书学习,就是要有这么一股入迷的呆劲儿。一个暑假过去,以升能背出上百首古诗和十几篇古文了。

一天,他在爷爷书房里翻书,发现一本书中不少地方讲到圆周率,也看到不少数学家求证圆周率的数值,一直把小数点后边一百位数字都写了出来。他想,如果背诵这些数字,来锻炼记忆力该多有趣呀!于是,他便又读又背。开头儿,他先背会了小数点后三十几位数,后来竟把小数点后一百位数,都熟练地背下来了。

新年到了,学校里开联欢大会。每个同学都表演了自己的拿手的节目。轮到茅以升上台了,他说:

"我一不会弹琴,二不会跳舞,我给大家背个圆周率吧!"说完,便一口气把小数点后一百位数字背了出来。

这一下把大家惊呆了。接着,掌声喝彩声响成一片,人们围上来,问他:

"你是怎样锻炼记忆力的?"

"其实这也平常。按人的记忆规律,要反复记忆多次才能牢固地记住。比如人家反复十次能记住,我不过是再多反复几次,十几次,甚至二十几次。背诵圆周率、背诵古诗文都是这样。"

茅以升中学毕业以后,考入唐山路矿学堂。这个学堂的老师讲课都用英语,而且没有正式的课本。每听一堂课,学生要参考好几本书,还要整理笔记。茅以升上课时专心听讲,简单扼要地记下老师讲的重点和难点。下课后再找外文参考书,根据自己的心得体会,整理出当天的笔记,记错的改正,记乱的重抄,每章每节都整理得条理分明。每一本笔记都用硬纸糊好封面,里面写上题目号码,就像一本新买的教科书一样。

他在路矿学堂学习五年,整理了两百本笔记,共有九百多万字。这些笔记本摞起来,足有两人多高。如果以每天抄四千字来计算,光抄完这些笔记,就要七年时间!

茅以升给自己订了个学习计划表,每天严格执行:先整理当天的笔记,再复习旧课,预习新课。每一小时完成一门功课,然后休息五分钟。这样日久天长养成了习惯。五年中,每次大考他的成绩都是全班第一。

1916年7月,他在唐山路矿学堂毕业考试又取得了第一名。他的试卷不但把应该做的答对了,而且把选做的题也答对了。因此,老师判卷时,破格给他打了个120分。

这年9月,他又以第一名的成绩,考取了留美官费研究生。

从此,茅以升更加发奋努力,勤奋学习,逐渐成长为闻名中外的著名桥梁专家。

詹天佑

【发愤学科学】

立志时龄：12岁

詹天佑，祖籍江西婺源。中国近代铁路工程专家，负责修建了中国自主设计并建造的第一条铁路——京张铁路，有"中国铁路之父""中国近代工程之父"之称。

在北京到张家口的铁路线上，有一个叫青龙桥的车站，车站上有一座高大壮观的铜像。以巍峨的群山、蜿蜒的古长城为背景，在蓝天、绿树的映衬中，他昂着前额宽阔的头，凝视着脚下的铁路、车站和往来奔驰的列车。他，就是中国首位铁路总工程师，被誉为"中国铁路之父""中国近代工程之父"的中国近代铁路工程专家詹天佑。

詹天佑的曾祖父原是当地的一位中医，后来到广东经营茶叶买卖。到了祖父时，茶叶生意做得很大了，便把家搬到广州，开起了茶行。由于1840年鸦片战争的爆发,英、法帝国主义组成的联军攻入广州,战火蔓延,詹家的茶行和许多中国人开的生意店一样,破产倒闭了,父亲詹兴洪不得不把家搬到广州西南不远的南海市(今南海区)乡下,靠种田勉强度日。詹天佑便在这时来到了世间,成为姓詹农户的第一个男孩子。

俗话说,穷人的孩子早当家。詹天佑从小就很懂事,并且聪明灵活,记忆力强。

詹爸爸的同乡好友谭伯村,经常从广州到乡下的詹家来。两个老朋友碰到一起除了商讨生活大计外,总要评说一番时局,发泄一通不满和牢骚。每当两个大人说话的时候,詹天佑说啥也不出去玩,总是仰着小脸,静静地听,悄悄地记住了什么"潮流""机器"等新名词,并不时在脑袋中捉摸着。

一次客人走后,小天佑竟要求爸爸给他讲林则徐禁烟是怎么回事。爸爸对两次鸦片战争感受很深,记忆犹新。于是,他充满激愤之情给儿子讲了起来。

詹天佑听着爸爸的讲述,情绪激动。当父亲詹兴洪讲到林则徐在虎门外焚毁鸦片,并且打退了英国侵略军的进攻时,他高兴得跳了起来,拍着小手喊:"烧得好!""打得好!"而当父亲讲到清朝皇帝如何把林则徐撤职查办、帝国主义又如何入侵广州的时候,詹天佑又气得握紧小拳头,瞪圆了眼睛,像要和谁打架似的。

听完故事,詹天佑总有很多问题要问:

"这里是中国的土地,中国人多、兵也多,为什么打不过外国鬼子呢?"

父亲詹兴洪当然不知道,中国军队被帝国主义侵略军打败,主要是因清王朝的腐败和没落,统治者不敢组织全国力量坚决抵抗。他只是听别人说过,外国人打仗使用的是洋枪大炮,便回答孩子说:"外国人的洋枪洋炮可凶啊!"

"干吗咱们不也多造些洋枪洋炮呢?"

"造洋枪、大炮要用洋机器,咱们中国没有洋机器啊!"

"机器"这个词又一次引起了詹天佑的注意,他连忙好奇地追问下去:"爸爸,什么是机器?"

"机器——"詹兴洪被儿子问住了,他愣了愣,想了想,说:"机器有好多种啊——那洋兵舰上装上了机器,顶着逆风也能航行得飞快;那大炮上装上了机器,轰隆一下,就可以把炮弹打得老远……"

父亲确实讲不出更多关于机器的名堂了。但是,就是这些朴素的对于机器的描绘,已经使詹天佑着了迷,感到无穷的兴味。他又问:"爸爸,要是中国有了很多很多的机器,造了很多很多的洋枪、大炮和兵舰,中国人就可以不怕洋鬼子了,是吧?"

"嗯,是的。"爸爸支持儿子的观点。

詹天佑高兴地从小凳子上站起来,像发誓一般地说道:"我长大了要造机器,开机器!"

这是詹天佑的憧憬,也是他最初的志向。

自从知道"机器"的重要性后,詹天佑总是左思右想,希望有机会亲眼看一看真正的机器是什么样儿。詹天佑家有一座挂钟,是爷爷在广州经商时买下的。当时别说在乡下,就是在城里,挂钟也算是很少见的新玩意儿。

"咔——嗒——""咔——嗒——"挂钟下面那个圆鼓鼓的钟摆,不分日夜,不知疲倦地摆来摆去,钟面上的两根指针,不分日夜、不知疲倦地转着圈儿,准确地告诉人们时间。更妙的是,挂钟还能自动打鸣,声音清晰、浑厚而诱人。

已经是十多岁的詹天佑听惯了这悦耳的声音,但对于自鸣钟的神秘感,却随着年龄的增长而更加强烈了。每当家里没有大人在的时候,他就把凳子放到大椅子上,然后自己爬上去,站得高高的,对着自鸣钟出神。有时,还打开玻璃盖儿,把它肚子里的机器看了又看。

看啊,看啊!他已经到了不拆开自鸣钟,就吃不下饭,睡不着觉的地步了。终于有一天,趁爸爸、妈妈不在家,他把自鸣钟打开了。

由于詹天佑平时经常用泥巴、木块做零件模塑,手指练得很灵巧,现在把自鸣钟化整为零并不困难。可是,把自鸣钟聚零为整——重新组合配装起来,就不那么容易了。他费了九牛二虎之力,按照与拆卸相反的顺序,一会儿拧紧这个螺丝帽,一会儿旋松那个螺丝钉……但是,无论如何也装不到一起了。

爸爸、妈妈快要回来了。詹天佑急得浑身发热,额头冒汗,越急越装不好。当爸爸、妈妈回来踏进屋门时,詹天佑刚好来得及把挂钟挂回墙壁上去。可是,钟的指针却一动也不动,钟摆也不再发出"咔——嗒""咔——嗒"的响声了。掌灯时分,自鸣钟的异常情况终于被爸爸发现。爸爸没有训斥他,反而告诉他:"明天上省城修钟,你站在老师傅后边瞧个仔细。学到本领,花点钱也是值得的。"

1872年春,一个暖融融的日子。詹天佑领着弟弟、妹妹在扎风筝玩。突然听见院子外面传来一阵叫"好"的声音。声音刚过,便见谭伯村兴冲冲地来到詹家,一进门就大声地叫道:"好消息!好消息!"

"什么好消息?"詹兴洪一边给客人倒茶,一边问,"你的生意发了财?"

"哪里!这消息可比发财好上千倍呢——是关于天佑这孩子前途的……"

听到这里,詹天佑赶紧把风筝交给弟弟,跑进正屋,向谭伯伯行了个礼后,便静静站在一旁听大人说话。

谭伯村有些兴奋地说:"朝廷下了决心,为富国强兵,要选派幼童出洋留学,眼下已经成立了留学事务所,在香港筹备招生。"

詹天佑眼睛放射出光芒,心头怦怦直跳。詹兴洪没吱声,谭伯村又接着说:"这次招生,要虚岁十二岁以上,十五岁以下,天佑刚好够格。条件是志趣远大,品质朴实,天佑又正是这样的孩子!"

"可是,孩子小,远离爹妈,到异国他乡,人生地不熟,又不懂洋话,能行吗?"

见詹兴洪犹豫不决,谭伯村便讲起了出洋的好处:

"这批幼童到花旗国(美国)学习十年,所有衣食住行全部由政府负担;朝廷还特派监督、教员、翻译一同前往;学成回国,就是一辈子手捧金饭碗的洋翰林!"

詹兴洪听后还是下不了决心。他转过身来向着詹天佑说:

"孩子,你想去出洋吗?"

"外洋有好多好多机器吗?"詹天佑问。

"当然,大大小小,各种各样的都有。"谭伯村肯定地说。

"有好多机器,我就去!"詹天佑说。

"孩子,你可要对自己的选择负责!"詹兴洪说完,眼睛有些湿润。12岁的詹天佑此时并不知"负责"的含义。他听到的是父亲微微颤抖的声音,看到的是爸爸茫然若失的神态,便知道此话的分量不轻,于是,他坚毅地向父亲点了点头……

第二天一早,詹天佑就跟着谭伯村上路了。经过考试、体检,詹天佑考上了洋翰林。

这一步,对詹天佑一生的事业来说,实在具有决定性意义!詹天佑在美国读小学、中学,后又上大学。学成回国后,在1909年,詹天佑主持修造的京张铁路胜利通车。京张铁路的建成,充分显示了中国人民的聪明才智,提高了中国人民自修铁路、自办工矿的信心,为中国人民争了气!

林巧稚

【立志学医】

立志时龄：9岁

林巧稚，医学家，是中国妇产科学的主要开拓者、奠基人之一。她一生没有结婚，却亲自接生了5万多婴儿，被尊称为"万婴之母""生命天使""中国医学圣母"。

1901年年底的一个夜晚，林巧稚诞生在我国东南沿海的厦门市鼓浪屿。林巧稚的爸爸也曾从这里出发，到南洋求学，毕业于新加坡的一所大学。林巧稚一生下来就受到封建的"男尊女卑"思想的歧视。这时候，恰巧爸爸从外地回来了，说："女孩子，好嘛！"他给女儿起名叫巧稚。

林巧稚五岁那年，母亲患宫颈癌不幸病故。

那是一个凄苦的夜晚，病危的母亲被抬到客厅的一张单人床上。多年疾病的折磨，使她的眼窝深深地陷了下去，她急促地喘着气,在这离别人间的时刻,最使她牵肠挂肚的就是小女儿巧稚。撇下这孩子孤苦伶仃的,今后将如何走完一生漫长的道路?母亲眼角垂泪,欲言无声。

这时,大儿子林振明凑到母亲身边,柔声问道:"妈,你还有什么话要说吗?"

她看了振明一眼,失神的目光缓缓地移向巧稚,久久地停留在她的身上。

振明懂得母亲的心思,用力地点了点头,凑到母亲耳边说:"妈妈,你放心吧!我一定照顾好阿妹!"说完,他忍不住失声痛哭起来。

母亲的嘴角掠过一生中最后的一丝微笑,接着便永远地闭上了眼睛……

林振明没有辜负母亲的期望和嘱托,他和妻子一起,一直悉心照料着年幼的妹妹。振明的妻子待巧稚如同自己的子女,做新衣服,自己的儿女有一件,也准有巧稚一件;即使吃一口新鲜东西,也要问问孩子们:"三姑吃到没有?"

父亲对巧稚也十分疼爱,工作之暇,他总是叫着巧稚,领她出去玩。但是他的工作太忙,不能更多地顾及巧稚。特别是中年丧妻,他心绪郁闷,于是,家里事都交给大儿媳去料理了。

到巧稚九岁这年,二哥也结婚了,二嫂和巧稚也处得像姐妹一样。

家庭是温暖的,但对林巧稚来说,毕竟缺少了她最需要的母爱。

有一天,林巧稚和几个女孩子背着书包,她们唱啊,跳啊,叽叽喳喳的像一群小喜鹊。

一个孩子摸着另一个孩子那条光溜溜的大辫子问:"哎呀!你这辫子的花样可真好,谁给你编的呀?"

"我妈呀!"那孩子自豪地回答。

别的孩子当然也不示弱:"我这辫子上的红头绳是我妈给我买的!""哼,我妈做的鞋才好看呢……"

只有小巧稚不说话,她使劲地咬着嘴唇,一扭身飞快地向学校跑去。

她呆坐在教室里,老师讲什么,一句也没有听进去。同学们在朗读课文,她却看不清课本上的字,满眼看到的,好像都是"妈妈""妈妈""妈妈"……

年龄越大,巧稚对母亲的思念越深。

妈妈究竟是怎么死的呢?这在小巧稚心中是一个很大的疑团。后来,她终于得知,母亲的病症是子宫大出血;再后来,知道那出血的原因,是子宫长了瘤,据说,母亲在怀她的时候,此病已逐渐形成,所以,影响了她的发育。

母亲的早逝,使巧稚从幼年就知道了女人的病痛,懂得了妇女的健康对后代的影响。当她在夜里为自己过早地失去妈妈而暗暗流泪的时候,她甚至天真地想:我为什么不是个医生啊?我要是个手到病除的神医,一定会把妈妈挽留在世上……

那时候,现代医学已经进入了厦门。美国归正教会于清朝末年在漳州创办的救世医院,1898年就迁到鼓浪屿。每逢清明节,当林巧稚随着哥哥、姐姐给母亲扫墓回来,经过医院门口的时候,她心中不止一次萌动着这样的心愿:为了告慰妈妈的在天之灵,我要学医……

林巧稚到了入学年龄,进了厦门师范学校。这所学校是从小学到高中的一贯制学校,老师对学生要求严格,教学质量较高。巧稚每天从家里到学校,徒步往返两次,不管春夏秋冬,刮风下雨,她总是匆匆忙忙、精神抖擞地走着。从此,养成了快步走路的习惯。

厦门师范学校要组织一个女子篮球队,有的人却反对说:"女孩子家,穿个短裤,蹦蹦跳跳,像什么话!"

林巧稚不管这些,她不但参加了球队,还当了队长。那时候,女子打篮球还很少见。有一次,两个女子球队进行比赛,打得难解难分,吸引了许多人来观看。她还敢穿着短衣裤到大海里游泳,认为男孩子能做到的,女孩子也应当做到。

期末考试来到了,一位男同学说:"这次考试肯定很难,你们女同学能考及格就不错了。"

林巧稚站出来,冲那个男同学说:"哼,女同学怎么样?如果你们男同学能得100分,我们就要得101分!"

在厦门师范学校学习就要结束了,同学们纷纷议论毕业以后干什么,有的说要当科学家,有的要当教师,有的想出国留学,有的想当电影明星……林巧稚想来想去,没有主意。

一天,上手工课,林巧稚拿一根钩针,专心致志地用毛线钩织一个图案。老师站在她身后,欣赏着她那飞针走线的熟练技巧,看着看着,不觉脱口而出:"你的手很灵巧,当个大夫倒挺合适。"

林巧稚早就有做医生的心愿,老师一说,更增添了她的信心和勇气。她决心做一名医生,治病救人,解人危难。

可是,嫂子不同意她的选择:"一个女孩子家,怎么能干那种事呢?"

"女孩子也有两只手,不也一样可以做医生吗?"林巧稚倔强地说。

"整天跟病人打交道,那怎么行呢?"老奶奶也摇着头反对说。

"没有医生,人有病找谁看呢?"林巧稚坚持道。幸亏父亲和哥哥支持,她才冲破阻力,踏上了学医的道路。

第二年夏天,她背着小小的行李,和一位女同学结伴搭上了前往上海的木船,闯进了生活的激流。

她俩到了上海,进入了协和医学院上海考场,她考医生,那位同学考护士,分在两个试场。这天下午,林巧稚正在考场里聚精会神地答着试题,主考教师忽然走到她的桌前,用英语叫她的名字:"林巧稚!"

林巧稚抬起头,用流利的英语说:"老师,我还没有答完!"她以为老师催她交卷呢。

"你的那位同学中暑晕倒了。"

"是吗?"林巧稚忙说道,"老师,我要去看看,得赶快送她去医院。"

"好吧。"老师同意道。

她慌忙丢下没有答完的试卷,跑去照顾那位同学了。直到把那位同学安置妥当,她才返回考场,继续答卷。

由于照顾中暑的同学,林巧稚的考试成绩受到了影响。但主考老师深为她那种舍己为人的精神所感动,认为这位年轻、淳朴的姑娘,具备一个医生所必备的优良品德,加上又讲得一口流利的英语,所以破格录取了她。

经过八年的勤奋学习,林巧稚以优异的成绩,从北平协和医学院毕业。经过严格的挑选,她被分配到协和医院,做了妇产科的住院医生。

朱自清

【品学兼优，立志从文】

立志时龄：18岁

朱自清，出生于江苏省东海县（今连云港市东海县平明镇），是我国现代文学史上著名的诗人、散文家、学者和民主战士。他"不吃嗟来之食"，在贫病交迫时宁可饿死，也不愿领美国的救济粮。表现了中国知识分子的崇高气节，受到毛泽东的高度赞扬。

朱自清自幼随父母学习，先后在私塾、小学读过书。由于没有玩伴，幼小的朱自清便总是一个人出去，而且也总在贯穿南北、一泻千里的大运河边上自己玩。他不似别的孩子那么蹦蹦跳跳，往往是蹲在大运河边上，两只灵动的大眼睛悠悠地盯视着那浩阔的河水。在他的眼里，这大运河的内涵是十分丰富的。这大自然的美，这丰富的内涵，都在时时地浸润与陶冶着他幼小的心灵。身在河边，又默诵着那些他早已背得烂熟的有关诗句，也自然对他起了潜移默化的作用。

5岁后，朱自清随家定居文化名城扬州。生活在美丽的瘦西湖畔、梅花岭边，几乎每年的清明节前后，朱自清都要登上满山遍野红梅怒放的梅花岭，带上一束含苞待放的红梅，敬献在坐落于这里的史可法墓前，凭吊这位伟大的民族英雄。

有一年清明节，天气奇冷，还下了大雪，山路很滑，奶奶劝他别去扫墓了。可朱自清仍然约了几个同学，踩着积雪，攀着树枝，到英烈墓前凭吊。他们踏遍白雪皑皑的山岭，找不到一束红梅，也找不到一朵小花。同来的学友十分懊丧，劝他回去，他却执意不肯，说："一定要到史公墓前拜谒。"他们登上了史公祠，肃立在史公墓前志哀。在墓前的雪地上，朱自清用树枝端端正正地写下了十四个遒劲的大字："人生自古谁无死，留取丹心照汗青！"他立志长大后也要像文天祥、史可法一样坚贞不屈。

朱自清在青少年时代，就待人诚恳，乐于助人。他在扬州两淮中学读书时，班里有个同学，名叫李星，因为学习成绩很差，常遭老师批评，同学们也有些瞧不起他。有一天，老师又狠狠地批评了他，并且一气之下不让他再来上学。朱自清知道了，心里十分不安，一放学，就立刻到李星家里谈心，鼓励他树立学习的信心。为了提高李星的学习兴趣，还动员他参加自己组织的诗社。朱自清说服了参加诗社的其他几个高才生，破例让李星参加了诗社的活动。在朱自清的帮助下，李星知道了许多扬州地方的历史掌故、风景趣谈、人物故事，增长了知识，作文有了很大进步。当他重返学校，将内容颇为充实的文章交给

朱自清 品学兼优，立志从文

老师时，老师高兴地说："和以前相比有了不少长进，真用了心思啦！"

朱自清在青少年时代，就勤奋好学，一丝不苟。他在中学读书时，十分珍惜光阴，善于抓住点滴的时间认真读书。每天清晨洗脸时，他都要带上一本书翻开来，放在洗脸池的镜子前，一边刷牙洗脸，一边背上一两首诗词。就连上厕所的时间他都不肯轻易放过，也要带上一本书，看上一两页文章。遇上有空暇去图书馆，他总是一坐就是一整天，查资料、抄卡片、做笔记，不到闭馆不出来。就是中午回家吃饭的那点时间，他也要利用起来看一会儿报纸，很少与家人聊闲天。

朱自清在读书时，就常练习着写点文章。但他很少寄给报刊发表，他常说："连自己都不满意的东西，怎么好给别人看呢。"有一次，负责校刊的同学向他索稿。他手边已有不少平日写就的文稿，但却认为写得不好，不肯拿出来。后经一再催逼，才勉强交出一篇。

1916年夏天，朱自清以优异的成绩在扬州八中毕业，获得了学校授予的"品学兼优"的奖状。离开母校前，教过他的李方模先生把他叫到身边，亲切地问他："你就要离开八中了，我想听听你的志向是什么？"

朱自清的回答十分简短、干脆："当文学家！"

李先生用慈祥的目光注视着他，又问道："一个中学生，怎样才能登上文坛与艺术大师们并驾齐驱呢？"

朱自清想了一想，回答是："书山有路勤为径，学海无涯苦作舟。"

这时，李先生意味深长地对他说："你说的只对了一半。当一个文学家，首先要有高尚的品格，懂得怎样做人。一个人的品格、为人，比他的学问更为重要啊！应当记住，历史上有多少文人学士，他们有的流芳千古，有的遗臭万年。你们年轻人，前途远大，必须处处严于律己，时时不忘做一个真正的中国人。"

李先生一席语重心长的话语，深深地印在朱自清的心坎里。在他即将结束中学时代、离开母校之时，老师的教诲，使他对以后的生活道路、奋斗目标，以及处世行事的准则，更加清楚了。

中学毕业后他考入北京大学哲学系，生活十分清苦。隆冬腊月，也仅有一床破棉被，以至于晚上睡觉时，不得不用绳子将被子的下面一头扎起来，借以取暖。为了勉励自己在困境中不丧志、不灰心，他改名自清。进入大学以后，他仅用三年时间就学完了北大哲学系四年的课程。当反帝反封建的五四运动爆发时，他积极投入了这场伟大而有深远意义的革命运动，参加了新潮社，加入了在我国早期马克思主义宣传中起过重要作用的北大平民教育讲演团，并担任第四组的负责人。

1920年5月，朱自清在北京大学提前毕业。从此，辗转于江浙一带的杭州、扬州、吴淞、台州、温州、宁波和白马湖之间，在许多学校教过书，过了五六年转徙无常的生活。他的绝大多数新诗都是这时候写的，其中包括长诗《毁灭》以及散文《匆匆》《桨声灯影里的秦淮河》等。朱自清终于实现了自己从小立下的"当文学家"的志向。

徐本禹

【当代青年的选择】

立志时龄：19岁

徐本禹 2003 年到贵州省大方县猫场镇狗吊岩村岩洞小学与大水乡大石村大石小学支教。徐本禹因天涯社区的文章《两所山村小学和一个支教者》而被中国人所熟知，后获选中国中央电视台"感动中国·2004 年度人物"。2008 年 1 月 10 日荣获"中国第 18 届十大杰出青年"。

徐本禹，山东聊城人，1982 年出生于一个农民家庭。从他记事起，他的父亲就在小学做代课老师，每个月的工资最多也只有 270 元，最少的时候才十几块钱。2003 年父亲转为正式教师之后，工资也只有 800 元，全家就靠这点微薄的收入维持着基本生活。在这样的家庭长大的徐本禹，盼望着有一天凭自己的努力改变家里的现状。1999 年初秋，徐本禹考上了华中农业大学。

都说大学生是天之骄子,徐本禹心里却忐忑不安。虽然知识可以改变命运,但不知道自家的经济状况能不能让自己顺利念完大学。为了完成学业,徐本禹努力学习,每学期都会得奖学金,他还勤工俭学、申请学校的特困生补助等,终于完成了大学学业。

小时候因为家里很穷,经常有好心的邻居帮助他们,生活才能稍微好一些。长大以后,徐本禹下定决心,将来自己有能力的时候也要帮助别人。大一那年冬天,同学的妈妈看到徐本禹的衣服很单薄,就把儿子的外套送给他穿。这更坚定徐本禹报答社会的信心——别人给我一口饭,我要还给别人一碗肉。

2001年12月的一天,徐本禹从《中国少年报》上看到一篇报道——《当阳光洒进山洞……》。文章介绍了贵州大方县猫场镇一个名叫狗吊岩的地方,那里至今水电不通,交通闭塞,全村只有一条泥泞的小路通向18公里外的镇子。1999年,在云南某部当志愿兵的一名军人用自己的津贴,在岩洞里面搭起了一个小学,让全村失学儿童免费读书……读了这些内容,徐本禹被深深地触动了,他想起小时候家乡的好心人帮助他家的情景,又想起在乡村小学教书的父亲,于是他毫不犹豫,决定去贵州支教。

2002年6月,在学校的支持下,徐本禹和另外四位同学组成了一个社会实践小分队,在暑假期间去贵州进行社会实践。出发之前,他们冒着酷暑募集到了一大箱衣物、一大捆图书和500元钱。带着这些捐赠品,他们踏上了去贵州山区的火车。几经辗转,他们终于到达了狗吊岩。为了迎接他们,周围山寨的村民已经提前修整了崎岖的山路。徐本禹他们行李还没有整理好,就迫不及待地直奔那个报道中描绘的岩洞小学。那里所谓的教室只是把岩洞用两道一人多高的墙隔开,两面墙的中间是过道,南边是一、四年级的复式教室,北边是六年级教室。两根棍子搭在岩洞上,在棍子上又搭了一块木板,这就是黑板了。这边教室里上课,另一边教室可以很清楚地听到声音。上课条件如此恶劣,徐本禹他们原来无论如何也想象不到。

这里的生活条件和徐本禹他们大学的生活截然不同。村里没有水、电,吃水要到很远的地方去挑。徐本禹是北方人,他吃不了辣椒,而村里人习惯每天吃辣椒、玉米饭,通常主食是窝窝头,这对于他来说无异于一种折磨。后来时间久了,徐本禹吃这样的饭还得了胃病。卫生条件就更甭提了,苍蝇乱飞,有时吃着吃着饭,苍蝇就飞到碗里去了。

第一次去教室上课的情景,是徐本禹终生难忘的记忆。孩子们那渴求知识的眼神,齐刷刷地望着他。那一瞬间,他的心被震撼了,他恨不得立刻把自己的知识全部教给这些孩子们。但是山里的孩子和外界交流很少,他们听不懂普通话,而徐本禹他们也不会说当地的方言,所以孩子们根本不知道徐本禹在讲什么。这让徐本禹感到很焦急,他多么希望能多教点知识给孩子们呀。但是有时一个问题讲了很多遍,问他们听懂了吗,他们也不回答。徐本禹急坏了,就把书一扔,走出教室,心里想:教不了,不教了!但是没过一会儿,他又回到课堂上,继续给孩子们讲课。他一再提醒自己:一定要有耐心,要慢慢地一步一步地教,只要肯下功夫,孩子们总会明白他说的话。

在社会实践的这半个月里,徐本禹和孩子们有了深厚的感情。当实践结束他们要走时,孩子们依依不舍,希望他们再多待一些日子。徐本禹心软了,最终多停留了一个星期。那个暑假,徐本禹和同学们在岩洞里教了23天的课。到他们真的要离开的时候,全体学生和学生家长把他们送到了离学校三公里以外的羊场坝。一个学生的妈妈把从邻居那里借来的几十个鸡蛋送给他们。当时徐本禹跟学生们做了一个承诺——等他考上研究生以后就回来继续教他们!

从岩洞小学回到学校后,徐本禹的脑海中总是闪现那些孩子的身影,他强迫自己不再去想,埋头复习,为考研做准备。2003年春天,徐本禹以372分、专业第二名的成绩考上了本校农业经济管理专业硕士研究生。大学四年以来做梦都想实现的愿望终于变成了现实,但那天晚上,他却对这个伸手可及的现实犹豫了。读研还是去支教,他面临着痛苦的抉择。经过一整夜的辗转反侧,第二天,他跟学院的领导提出申请:保留研究生学籍,去贵州义务支教两年。当时,徐本禹已下定决心,不管学校是不是批准,他都要去支教。出乎意料的是,学校批准了他的申请。

2003年7月16日,徐本禹和另外7名大学生带着社会各界捐赠的3000册图书和几大箱衣服,再一次登上了去贵州的列车,去实践他当年许下的诺言。

然而现实是残酷的:没有电,交通、通讯、邮路都不通,一日三餐是一成不变的苞谷渣和酸菜汤,伴着不时掉进碗里的苍蝇,和成堆的跳蚤、臭虫一起居住……这样的生活环境让伙伴们一个接一个病倒了,继而陆续离开了狗吊岩。半个月之后,大山里就剩下徐本禹一个外乡人。当初因为志愿者的到来而飞扬着欢声笑语的山村，现在又回到了往日的寂静。

如果说生活的困难徐本禹还能够克服，而文化差异造成的心理隔膜使他感到格外孤独，他觉得自己像一只无助的蚕蛹，被寂寞紧紧包裹着。没有人可以倾诉，夜深人静的时候，他就拿出亲人、同学们的来信看了一遍又一遍。有时候看着亲人、同学们的照片，他会不知不觉地流下眼泪。

工作上的困难也远远出乎他的预料。每周6天的课，每天上课8个小时，他要教语文、数学、英语、体育、音乐等课程。这些辛苦对徐本禹来说不算什么，他最焦虑的是那些旷课和辍学的孩子。每次放了学，或者到了周末，他都要去那些旷课、辍学的孩子家去家访，动员他们回到课堂上去。

徐本禹坚持支教的事迹引起了社会各界的关注，纷纷给这些贫困山区的儿童捐款捐物，当地政府和母校华中农业大学也给予了他大力支持。渐渐地，新的校舍建起来了，环境好了，入学的孩子增加了，辍学的孩子回来了。

2005年8月，徐本禹结束了为期两年的支教生活，回到农大继续读研究生。在学习期间，他仍心系大山，用不同的方式关心那些山区孩子的成长。他组织了爱心接力活动，一批又一批的志愿者远赴贵州接力他的支教生涯。

2007年，研究生毕业后的徐本禹又去了非洲支教。

徐本禹用自己的行动为我们诠释了感恩的真谛！他暂停学业，克服困难，信守承诺，把光明和温暖带进了大山，给山里孩子的内心注入了希望的力量。他在困境中的坚守，他的社会责任感，都是新一代青年学习的榜样！

袁隆平

【立志成为一个农业科学家】

立志时龄：19岁

袁隆平，江西省九江市德安县人，中国杂交水稻育种专家，中国研究与发展杂交水稻的开创者，也是世界上第一个成功地利用水稻杂种优势的科学家，被誉为"杂交水稻之父"。

20世纪60年代，水稻产量低、人口多的人家吃不饱的问题终于得到了解决。这是因为，一位谦和严谨的老人通过自己的坚持和努力，培育出了新的水稻品种——杂交水稻，世人因此记住了他——"杂交水稻之父"袁隆平。

1930年9月，正值金秋时节，北平协和医院里，一个新的生命降生了，他就是袁隆平。袁隆平排行老二，他的哥哥取名隆津，按照族谱顺序，父亲为他取名隆平，意思是希望战乱早点结束，天下一片太平。

小隆平的父亲袁兴列毕业于南京东南大学中文系,曾经在县高等小学担任校长、督学等职务,抗日战争结束之后投笔从戎,加入了革命队伍。母亲华静亦自幼在英国教会学校读书,会讲一口流利的英语,喜欢研究哲学,是一位才女。华静亦曾经是位老师,后来辞掉了工作专心在家带孩子,她非常注重孩子的智力开发和品德教育。

小隆平对什么都充满好奇,有一天,他问母亲:"人是从哪里来的?"

自幼接受教会文化熏陶的母亲回答他说:"外国的《圣经》里说,人类的始祖是亚当和夏娃,他们是上帝用泥土造的。我们中国也有'女娲用黄土造人'的传说。传说是女娲把黄土和成泥,然后捏成一个个小人,有男人也有女人。捏完后,她朝着泥人吹了一口法气,于是,那一个个黄土泥人就活了起来。从那时起,人类就一代一代传了下来……"

最后,妈妈摸着小隆平的头深情地说:"不管外国人还是中国人,归根结底,我们都是从黄土地里来的。"

妈妈还说,我们吃的粮食、穿的衣服都离不开黄土地,我们住的房子也是用黄土烧成的砖盖起来的……总之,我们要想生存就离不开土地,土地是生命之本。

小隆平懵懵懂懂地听着母亲的话——"土地是生命之本",并反复地回味着,一种对土地神圣的敬意慢慢地渗透到他的内心深处。

小隆平六岁那一年的初秋,母亲带他到汉口郊区一家果园去玩。他第一次见到这么神奇的地方：果树上挂着桃子、葡萄；果树之间的空地上种着西红柿，一些毛茸茸的枝杈上，结着红、白、黄、绿几种颜色的果实，煞是好看；远处还有那绿葱葱的竹林……

小隆平立刻爱上了这美丽的果园，爱上了这色彩斑斓的世界，都不愿离开这里了。从此以后，那果园在他心目中成为一片永不消逝的绿洲，每到桃子成熟的季节，他的脑海中便闪现出那个美丽的果园来。

六岁的小隆平还不知道，这次给他留下深刻印象的郊游，对自己理想的建立产生了深远的影响，从而影响着他的一生。

1937年7月7日卢沟桥事变之后不久，战争的硝烟就弥漫到了汉口，一家人再次转移。就这样，袁隆平随父母从汉口出发，几经周折，来到湖南桃源镇。据说这里就是晋代大文豪陶渊明那篇《桃花源记》所描述的地方。当时战火还没有蔓延到这里，这里和《桃花源记》中描绘的一样："芳草鲜美，落英缤纷"，"黄发垂髫，并怡然自乐"……一派宁静祥和的景象。从小在城市长大的袁隆平，对这里的一切，无论桃林还是竹丛，无论溪水还是湖边，都充满了好奇和幻想，他每天游玩在其中，仿佛置身于另外一个绚烂多姿的世界。

这种世外桃源一般的生活并没有持续多久，疯狂的日本轰炸机就结队而来，他们无视这人间仙境，轮番轰炸，片刻之间桃园镇就变成了一片火海，哭叫声一片，死尸遍地。

1939年农历的除夕，正是别人家热热闹闹吃年夜饭、放鞭炮的时候,袁隆平的父母为了一家人的安全,决定再次转移。他们乘坐一条小木船,走沅水,入洞庭,进长江,逆流而上,往重庆方向驶去。重庆是抗战的大后方,又是所谓的陪都,这里山水相依,平静却不失繁华,一家人在这里安顿下来。

袁隆平小的时候,非常喜欢到嘉陵江游泳,每次游泳回来,他都为母亲捡些漂亮的石头。喜欢哲学的母亲,看着他带回来的各色石头,会认真地对他讲一些生命的意义。她说:"每一颗小小的石子都有自己存在的价值,我们作为一个人,更不能苟且偷生。如果我们能够发挥创造力,去改造自然,让大自然变得更美好,或者去改造世界,让世界变得更理想,那么,我们就找到了生命的价值!"

母亲还告诉他,要想改造世界,先得用知识武装自己,有了知识,长大后才能做自己喜欢的事情,才能做对人民有益的事情。母亲的这些话,虽然当时袁隆平并没有深刻领悟,但却像一粒种子,在他心里生了根,只待日后的阳光雨露就会发芽出土并茁壮成长。

1939年8月,袁隆平和弟弟隆德一起进入小学读书。但是,作为陪都的重庆也不平静,日本开始轮番进行轰炸。从1939年到1941年,短短的三年里,重庆遭到了近万次的空袭。学生没法正常上课,商铺也无法正常营业,百姓们的生活一团糟,战火、硝烟和防空警报让山城的人们生活在恐惧之中。少年袁隆平既然不能正常上课了,就组织同学们唱抗日救亡歌曲。每每回到家里,父亲就给他讲当时的局势。多灾多难的祖国让

袁隆平 立志成为一个农业科学家

这对父子多了一些忧国忧民的责任，这个少年在心里暗暗发誓——一定要让自己的祖国强大起来。

袁隆平小学毕业后，以优异的成绩考入中学。此时太平洋战争爆发，日本暂停了对重庆的轰炸，袁隆平的学习生活慢慢步入正轨。在学校他对一切都好奇，经常问一些连老师都解答不出来的问题，比如："老师，为什么物质的能量和光速的平方成正比呢？""老师，为什么负负得正？"……哭笑不得的老师总会表扬这个聪明好学的孩子，对他的好奇心给予鼓励和赞赏。这一切为他日后做出成就打下了良好的基础。

1948年，袁隆平父亲的工作再一次变动，他们全家迁往南京，袁隆平在南京中央大学附中继续他的中学生活。1949年夏天，高中毕业的袁隆平面临着报考什么学校的选择。望子成龙的父亲，想让他报考南京的中山大学，希望他以后有更大的作为。但袁隆平不这么想，他有另外的打算。

童年的动荡流离使袁隆平对生命的意义有了新的认识，他看到过祖国人民的饥饿贫穷，也领略过祖国的大好河山：小时候母亲带他去的汉口郊区的农场，还有水牛牧童、溪水潺潺、如诗如画的桃源镇，以及重庆长长的石板街，美丽如诗的嘉陵江……这一切让他做出决定：以土地为基础，为人民的利益而努力。因此，他要立志通过学农报国，希望成为一个农业科学家。

这显然出乎父亲的意料，因为儿子已经想好的志愿与父亲对他的期望相去甚远。父亲问他："你想成为一个身上带着庄稼味的学者吗?"

袁隆平坚定地回答说:"如果这人世间没有了庄稼味儿,而是弥漫着铁血味儿、硝烟味儿,那将多么可怕!"其实他父母都是开明的人,见儿子早就想好了,而且这么坚定,也就尊重了他的意见。父亲问他想报考哪所学校,他不假思索地说:"重庆相辉学院农学系。"父母知道,相辉学院的师资力量相当雄厚,抗日战争期间,上海复旦大学曾两次迁到相辉学院,就同意了儿子的选择。

1949年8月,19岁的袁隆平整理好行装,告别父母,离开南京,一路西行,来到他实现理想抱负的地方——重庆相辉学院。从此,他生命的历程翻开了新的一页。

李云迪

【要成为最好的钢琴大师】

立志时龄：7岁

李云迪，重庆人，国际钢琴家、肖邦国际钢琴比赛史上最年轻的冠军和评委、首位与柏林爱乐乐团现场录制唱片的中国钢琴家。

李云迪出生于1982年10月7日，他的老家是风景优美的山城重庆，父母都是很普通的工人。小时候的李云迪就是在这样的环境里过着平静而快乐的生活。小云迪活泼可爱，很招大人们的喜欢，而且从小就对音乐十分敏感。每当他哭闹时，父母只要一打开收音机播放音乐，他马上就安静下来，专心倾听那美妙的音乐。稍微长大一点，小云迪就天天缠着母亲教他唱儿歌，常常是一首新的儿歌妈妈还没唱两遍，小云迪就已经学会了，而且他的哼唱从来没有跑过调。

1986年，李云迪4岁生日的这一天，妈妈送给他一个特殊的生日礼物——一架简单的手风琴。从此，小云迪与手风琴结下不解之缘。别的小孩学琴是父母要求的，可小云迪觉得学手风琴是最快乐的事。一年之后，5岁的小云迪去参加手风琴5级考核并顺利通过了。这一年，他还参加了四川"宏升杯"少儿手风琴邀请赛，在这次比赛上，一曲悠扬婉转的《花儿与少年》，让评委们大加赞赏，给了他第一名的好成绩。这次小小的成功，让幼小的李云迪体验到了人生第一次成功的喜悦。

7岁时，小云迪在当地已经小有名气。然而，他幼小的身躯抱着大个的手风琴实在辛苦，母亲张小鲁很心疼儿子，就想让他改学钢琴。可对于一个普通工人家庭来说，要买一台钢琴谈何容易？但是他们还是省吃俭用，攒了4000元为李云迪买了一架钢琴。然而，当母亲带着7岁的小云迪兴致勃勃地来重庆市少年宫找钢琴老师时，钢琴老师却对母亲说："孩子这么大才学钢琴有点晚了！"

对于李云迪和母亲来说，这无疑是当头一盆冷水。但母亲坚信儿子有音乐天赋，坚持让儿子上少年宫的钢琴班。果然，进少年宫后不久，这个起步较晚的孩子所显示出的非凡的天赋，让钢琴老师大吃一惊。

从此，小云迪就再也离不开那黑白琴键了。他的手指只要一触碰到琴键，就会情不自禁地弹奏起来。他对钢琴太热爱了，在作文里写道："我长大后要成为世界上最好的钢琴大师。"可以说钢琴的世界就是李云迪的天堂，他可以在钢琴王国里自由翱翔并乐在其中。

很快,小云迪的钢琴技艺、进步速度远远超过了少年宫钢琴老师的教学能力。一年之后,老师对他说:"云迪你应该找一位更好的老师。"于是,就帮他找了一个更好的老师——我国著名的钢琴教育家但昭义教授。有了但昭义老师教授和指导,李云迪的音乐才华得到了充分的发挥。

2000年10月,第14届肖邦国际钢琴大赛在华沙——肖邦的故乡举办,人们的目光同时聚焦在这一场五年一度的盛会上。参加这场盛会的除了全世界最严厉的评委、规模庞大的媒体采访团、挑剔而又苛刻的钢琴乐迷们之外,还有李云迪这个初出茅庐的年轻人。

大赛开始的前一天,但昭义老师和李云迪一起来到华沙。想想不可知的比赛结果,他们的心里忐忑不安。

10月5日上午10点,万人瞩目的大赛正式拉开帷幕。第一轮是为期5天的初赛,每个参赛选手有25分钟的演奏时间,演出的顺序由抽签决定。李云迪最后一天出场,这意味着他要承受更大的压力。

10月7日这天是李云迪的生日,但昭义教授带着他到肯德基吃了一顿"炸鸡宴"。但昭义教授用可乐代酒,为他庆祝生日的同时,也预祝李云迪能够取得好成绩。当时他们谁也没想到,本次大赛的冠军会落到李云迪的头上。

10月9日是李云迪参加初赛的日子,他弹奏的是《b小调半音阶练习曲》。从一开始,李云迪极具弹性的演奏就引起了人们的关注。他把曲子演绎得优美圆润,每一个音符中都蕴含着无限深情,每一个音节都能传递出诗一样的神韵。演奏结束,全场爆发出热烈的掌声。

评委彼得·帕勒兹尼这样评价他:"这个男孩不是为了比赛而演奏,他是用心在演奏,他是为了传递自己对音乐的理解而演奏,他的身心和音乐融为一体,这是他走向成功的关键。"

第一轮比赛结束,许多选手被淘汰下来,但李云迪的名字在留下的38人之中,他赶紧为下一轮的比赛做准备。

第二轮比赛每个人有40分钟的演奏时间。第一轮比赛时选手们都在尽力展现自己的技术水平,到了第二轮,选手们则在技术水平之外更加注重音乐的表现力。

巧合的是,李云迪又是排在最后一天出场。上场之前,他突然对老师说:"我很紧张,脑子里一片空白。"但昭义教授心里一惊,马上写了一张"无私无畏"的字条让他握在手里,李云迪的情绪才慢慢平复下来。

李云迪这次演奏了《谐谑曲》《摇篮曲》《圆舞曲》和《辉煌的大波兰舞曲》。《辉煌的大波兰舞曲》在他的指下流淌出来,犹如天籁一般动听,评委们一致认为他对曲子的弹奏是这一届参赛选手中"演绎得最为完美的"。李云迪不但顺利地进入了第三轮,还获得了大赛里的设置的第一个奖项——"大波兰舞曲最佳演奏奖"。

第三轮半决赛只有11名选手,这一轮的竞争更加残酷。

但昭义老师带着李云迪去了一趟肖邦公园,李云迪静静地伫立在肖邦的雕像前，从心里感受着肖邦的神韵，突然他对老师说："我感觉离肖邦越来越近了。"

半决赛 10 月 15 日开始，富于戏剧性的是李云迪抽签又抽到了最后一个出场。这一次他镇定多了，不再那么紧张，以最佳的状态演奏了肖邦的《玛祖卡舞曲》《b 小调奏鸣曲》等作品。他本来非常适合处理奏鸣曲轻巧的风格，而对《D 大调玛祖卡舞曲》出色的诠释，则把波兰民间舞曲的味道渲染得淋漓尽致。当音乐的最后一个音符还在音乐厅上空回响时，观众席再一次爆发出了热烈的掌声和欢呼。

三轮比赛下来，李云迪的总积分排到了第一名，他顺利进入了决赛，刷新了我国 40 年来无选手入围的历史。

10 月 18 日、19 日是决赛的日子，不可思议的是李云迪还是最后一个出场，他演奏了肖邦的《e 小调第一钢琴协奏曲》。参加决赛的共有 6 名选手，而其中 5 名都选了这首曲子演奏。

结果是不可预知的，在这 6 位入围决赛的钢琴宠儿中，到底谁能摘取本届金奖的桂冠，人们翘首以待。

晚上 8 点，李云迪从容地走上舞台。他清瘦英俊，黑发微卷，深潭一样的眼神，略带腼腆的微笑……站在舞台上，让人有一种肖邦再世的错觉。当李云迪的琴声响起时，全场都被这美妙的琴音震撼了——肖邦的音乐灵魂又复活了。演奏结束，全体观众都起立、鼓掌，为李云迪精彩的演奏喝彩，评委们也破天荒地为选手鼓起了掌。

谜底就要揭晓，大家拭目以待。评论员用英语公布比赛结果，当大家听到"本届肖邦国际钢琴比赛第一名，中国选手李云迪"时，全场沸腾了，世界被震惊了：中国人第一次拿到肖邦国际钢琴大赛冠军，而18岁的李云迪在这项比赛70多年历史中，是最年轻的冠军。

　　十年辛苦磨一剑，成名只在一夜间。李云迪，终于在音乐的殿堂里，成了最优秀的钢琴大师。

林肯

【从小立志做伟人】

立志时龄：7岁

阿伯拉罕·林肯是美国历史上非常著名的一位总统，他生活在美国历史上的动荡变革时期。在人民群众的推动下，他领导联邦政府进行了著名的南北战争，平定了南方奴隶主的武装叛乱，解放了被奴役的黑人奴隶，废除了罪恶的奴隶制度，维护了国家和民族的统一，为美国资本主义的发展开辟了广阔的道路。

1809年的一天，肯塔基州霍金维尔城郊沉泉垦殖场的一个小木屋里诞生了一个男孩。屋子的主人是英国移民后裔托马斯·林肯和妻子南希。他俩为了纪念孩子的祖父，给他取名为阿伯拉罕·林肯。托马斯是个朴实、勤劳的拓荒者，常做木匠活和开垦种植粮菜等养家糊口。母亲南希善良、慈祥，常常给他讲述英国人民反抗强暴的故事和做人的道理。阿伯拉罕从小帮助父亲开荒种地，在劳动中锻炼了体质，培养了淳朴的个性。他从小渴望读书识字，常常借助火光用炭块在木板上练习书写。

林肯3岁时，他父母每个月都带他和他姐姐萨拉去附近的教会，这个教会的教徒是反对奴隶制的。在漫长的礼拜过程中，萨拉常打瞌睡，而小林肯却坐得笔挺，眼睛一眨一眨地盯着传教士，仔细聆听传教士宣传的教义和反奴隶制的宣传。过后很久，他还在默默思索听到的东西。

有一天吃晚饭时，他突然结结巴巴地问："什么是奴——奴隶制？"

"什么？"他父亲惊问。

他母亲善解人意地说："我想他是说奴隶制，埃尔金牧师在星期天讲过。"

"但那是三天前的事了，这孩子才3岁，怎么记得住？"

林肯问："爸爸，奴隶制是什么？"

他父亲粗略答道："像传教士说的，那是个坏东西。总之，这不是小孩操心的事。"

林肯的母亲总是尽力回答孩子的提问："有点像我们同我们的小黑马的关系。它是我们的牧畜，我们要它做什么，它就得做什么。这就使它成了我们的一种奴隶。"她的回答使幼小的林肯自幼便对奴隶制有了恶感。

林肯5岁时，村里办起一个简陋的学校。母亲送他和姐姐到这间学校读书。老师克勒布·赫兹尔教他学会字母、拼音和10个阿拉伯数字。林肯是学校里年龄最小但成绩最优秀的学生。

林肯6岁时,他家的小木屋里常有许多拓荒者在晚上相聚畅谈。大家文化不高,但对时事都很关心。有一次,他们讨论奴隶制这个热点问题,林肯的老师克勒布·赫兹尔猛烈抨击奴隶制,呼吁:"我们要为奴隶的解放大声疾呼。"林肯问父亲"解放"的意思是什么,他父亲不屑一答。还是克勒布·赫兹尔以教师那种洞察人心的注意力做了解答:"孩子,解放的意思是自由,而自由就是一个人属于自己而不像奴隶一样属于别人,这是每个人生来应当拥有的权利,不管他是什么肤色。这一点千万不要忘了。"润物细无声,林肯神色庄重地使劲点了点头。

学校只开办了两年,由于没有条件到离家很远的地方求学,他的整个童年只断断续续地上过一年学。他顽强刻苦地自学,不断获得各种知识。一次,他向邻村的克劳福德叔叔借了两本人物传记,其中一本是《华盛顿传》。他白天干活,晚上尽可能抓紧时间阅读。为了早晨也能读几页,他临睡时把书放在木头间隙里,这样次日一早阳光射进屋里时他便可以开始阅读。

不料,有一天晚上,突然下起了暴雨,书被雨水打湿了,他心里很难过,觉得愧对书的主人。第二天一早,他跑到克劳福德大叔家,老老实实地讲明了有关情况,诚恳地认错、道歉,并说道:"大叔,我把您的书给弄湿了,真对不起,我来为您干三天活吧。"他言行一致,卖力地为克劳福德家干了三天活。

克劳福德大叔见他诚实可信、彬彬有礼,遂转嗔(chēn)为喜,对他说:"林肯呀,你真是个好孩子,我把这本书送给你,作为对你诚实、肯干的奖励。"林肯很高兴。

克劳福德太太问他，将来想干什么。他笑了笑说："我不想总是干剥玉米壳这样的活儿，我——我想将来做一个伟人。"

由于地契的纠葛，加之受到一个种植园主的迫害，父亲托马斯因此失去了土地。1816年秋，林肯全家冒着严寒，长途跋涉，渡过俄亥俄河，迁居到印第安纳州佩里县。在靠近鸽子河的一块荒凉的高地上，不满8岁的林肯帮助父亲建起了新家——一座带阁楼的小木屋。白天，他帮父亲伐木、打猎、开垦荒地；夜晚，他偎依在母亲身旁，听她讲各种有趣的故事，远处不时传来美洲豹和狼的嚎叫声。

经过一年的辛勤劳动，林肯一家开垦出不少荒地，生活也好过多了。但是，一种可怕的奶毒病袭击了鸽子河，人们一个个倒下了，母亲南希也不幸去世了。过了一年，林肯的父亲娶了一位寡妇，名叫萨莉。萨莉和蔼、仁慈，作为林肯的继母她同样关心林肯的学习，并用空闲时间教孩子们语文算术。当林肯12岁和14岁时，继母又送他到学校，读了九个月的书。随后，林肯中断正规的学习，走上了自学之路。后来，林肯曾自豪地说："我的一切，都归于我天使般的母亲。"当有人问他指的是哪一个，他说："两个。"生母南希抚育他度过艰难的童年，培养了他正直、勤劳的品德；继母萨莉则以全身心的爱和高瞻远瞩的目光，把他造就成为一代伟人。

1827年，林肯受雇当了安德森河渡船上的帮工。不久他自己造了一条小渡船，运送客人从码头到河头的汽船上。第二年，他当上了一条平底船的船长，不过船上只有他和船主的儿子两个人，他们要把满船的货物运到遥远的新奥尔良。他第一次离家出门远行,平底船沿着宽阔的密西西比河顺流而下,旖旎的南国风光令人陶醉。新奥尔良位于密西西比河河口,是西南部的商业中心,也是合众国最繁华的都市之一。他们卖掉了货物和平底船,还游览了几天。林肯看到,不同国籍不同身份的人们在忙忙碌碌,热闹非凡。高大的教堂、华丽的建筑和商店鳞次栉(zhì)比。但深深刺痛他的心的是,到处墙上贴着贩卖黑人的广告和悬赏缉捕逃亡黑奴的招贴,以及贩奴市场上黑人奴隶像牲畜一样买卖的悲惨情景。

1829年春,林肯写了两篇政治评论,发表在当地的报纸上。继母高兴得眼含泪水:"真好,孩子,你用不着解释为什么花那么多工夫去读书了。一切写得那么明明白白,连我也能懂。我真为你感到骄傲。"

狄德罗

【我要学到更大的本领】

立志时龄：13岁

狄德罗是法国思想家、哲学家，他在有生之年不遗余力地从事百科全书的编辑出版。他的热忱和顽强使他成为百科全书派的领袖，为百科全书撰写了大量词条。

青少年朋友们，你们可能为了某个问题争得面红耳赤，无论是天文，还是地理，或者是人文，你们最后的解决办法都会去翻翻与其相关的《百科全书》，来一决胜负。20世纪的70年代，全世界就有50多个国家出版百科全书，它们各有风格，自成体系。现在出版百科全书的国家更多了，学者们把繁多、庞杂的知识分门别类地编辑成书，大大方便了人们的日常生活和研究工作。最早真正地给世人带来这些福音的人，是现代百科全书之父狄德罗。不过你也许不相信，他差一点成为一名神父，穿着黑色的长袍，戴上三角黑帽子，在日复一日的礼拜、弥撒中默默无闻地度过一生……

1713年10月，德尼·狄德罗出生于法国东部马恩省的朗格尔市，这座城市有着古老的历史，在淡褐色的山间陷落盆地和谷地之间，疏朗地耸立着一座座的军事建筑，四周的景色十分幽静、协调。

狄德罗的家族是个富裕的手艺世家。他的父亲是个制刀师傅，手艺高超，对手里的活儿一丝不苟，在制造外科手术器械方面是个行家。

狄德罗一家对宗教仪式表现得非常虔诚。每到了礼拜天，在去教堂的路上，父亲会穿上华丽的上衣，头戴漂亮的参加典礼用的假发，手里拉着两个最小的弟妹，走在前面，妈妈和另两个弟妹紧跟在后面。狄德罗则逍遥自在地走在最后，他已经十来岁了，头脑机灵、任性，常爱闹些别扭。不过虽然如此，他的爸爸妈妈对他的期望很大，一心想把他培养成一个神父。在那个年代，神父的位置使人想到财富和权势。朗格尔市的教会，在法国很有名望，享有巨大的特权和优厚的俸禄。

让狄德罗从事圣职还有另一个原因，他的舅舅是一个念诵经文的神父，表情严酷、性情古怪。他和道友们的关系很糟，他常以嘲弄他人愚蠢、滑稽的言行作为消遣。

"把狄德罗培养成一个神父吧，"有一天，舅舅向狄德罗的爸爸妈妈说，"我将来把我的房子和职务让给他。"

狄德罗毫无怨言地接受了家里人为他选好的职业。他进了教会学校接受免费教育，凭借超乎常人的智慧和对基督的虔诚之心，他成了学习拉丁文和数学的高才生。

狄德罗的才华引起了某些同学的嫉妒，为此一次次地和他们发生口角和打斗。这种不屈不挠、讽刺、好斗的脾性正是从舅舅那儿继承来的。

初一年级结束时，学校开授奖大会，狄德罗被禁止出席，原因是处罚他在一次口角中挥拳痛击了对方。但狄德罗没有等待，他要进去领取光荣榜上属于他的奖品和花环。他不顾校门口张贴的禁令，成功地混进了人群。可门卫发现了他，一个劲儿地跟踪追击。这个家伙竟用长矛向他的肋部戳了一下。狄德罗一声不吭。他领到了自己应得的奖品。奖品太多了，与狄德罗要好的同窗们帮他捧着奖品，簇拥着他，一直来到市中心广场。

爸爸妈妈正在为狄德罗被禁止领奖而忧心忡忡，当看到他脖子上套着花环，被兴高采烈的人群送了回来，在炼铁炉、风箱边干了半辈子活的爸爸骄傲得流出了眼泪。妈妈发现了狄德罗被长矛刺开的伤口，心疼得痛哭起来。

但是恼人的事情并没有结束。由于狄德罗违反禁令领取奖品，他的老师们开始把他看作是不守规矩的学生，在课堂上，他们动不动就为鸡毛蒜皮的小事申斥他。现在他对拉丁文腻透了！

一天晚上，他从学校回到家中，一副极不如意的样子，他把自己的打算告诉了父亲。

"那你想当刀剪匠了？"父亲问道。

"我心甘情愿。"

"那好，明天六点钟，你到作坊里来。"

不过，很快就可以看出，狄德罗不是干刀剪匠人的材料。活儿刚干了四五天，就损坏了许多刀具。经过了这一切，狄德罗解下了干活用的围裙。他对爸爸说：

"我宁愿烦躁无所归依，也不愿这么无聊……"

就在狄德罗对未来感到不知所措的时候，一件大的变故影响了他的整个一生：舅舅维涅隆与世长辞了。

舅舅临终前，提名由狄德罗继承他的俸禄，但教会否决了他的愿望，在他指定委托人，去罗马请求教皇最后裁决后，他断了气。这样，舅舅的决定宣告无效。

舅舅的死，使狄德罗非常苦闷。他深感朗格尔市里的环境为自己的生活设置的障碍太多！他渴望奔赴一个新的世界，在那里结识新的教师，学到比一般朗格尔青年更大的本领。

狄德罗拿定主意：到巴黎去。他悄悄地同一个堂兄弟商定了这次神秘的旅行，在通往巴黎公路边的肖蒙小镇，他们将乘长途驿车，一路驰向巴黎……

出发的那天，午夜时分，屋外刮起了狂风，狄德罗静静地躺在床上，他一点睡意也没有，他在等待12点的钟声，到那会儿他的冒险就要开始了，屋内一片寂静，毫无声响。

几个月来，他一直在想着这件事，由于害怕引起父亲的反对，他始终瞒着家里的人。不过，父亲的心胸并不狭隘，也许他会同意儿子远大的理想……

远处夜半的钟声响了12下，该动身了！为了不惊醒家里人，狄德罗光穿着袜子，一手抓住自己的鞋子，一手拿起他的小包袱。里面塞着几件衣服和少许干粮，钱嘛，堂兄那儿有……

他走下了最后几级楼梯，现在来到了大门前，他摸黑去找大门的钥匙，父亲每晚只把大门锁上一圈，可是钥匙没留在锁眼里！

"怎么，我的孩子，这么晚你还要到哪里去？我还不知道你有早起的习惯呢！难道你不知道午夜12点刚敲过吗？"

狄德罗怔住了。

父亲手里拿着烛台，他高大的身上披着睡衣，脸色严肃地看着狄德罗。

狄德罗低声喃喃道："我要到巴黎去。"

"无论如何，今夜可不行，请回楼上去睡觉，把你的觉睡完，天亮我们再谈。"

狄德罗感到十分狼狈，一手提着鞋子，一手拎着包袱，回到他的顶楼去了。他的父亲压抑着内心的不安，把这些告诉了狄德罗的母亲，她生气地哭了起来。

第二天，在狄德罗父亲的房间进行了一番激烈的讨论，为了拿出好的主意，主人邀请了许多好友出席。狄德罗受到了仔细的盘问，他怎样解释自己昨夜的荒唐行为呢？狄德罗本人做了非常激动的表白，他的行动是为了追求更多的学问，父亲从儿子热切的眼神里看到了他那高尚的志向。狄德罗的赤子之心甚至也触动了客人们的心弦，大家决定让狄德罗到巴黎去，但附加了一个前提：要父亲陪他同去。

狄德罗终于为自己开辟了一条新的人生道路，也许在巴黎还有许多不如意的事情在等待着他，但对他的未来而言，巴黎的天地的确广阔多了。

巴甫洛夫

【立志造福人类】

立志时龄：十来岁

巴甫洛夫是俄国生理学家，他由于在消化生理学方面的卓越贡献，1904年获得诺贝尔奖。

巴甫洛夫诞生于1849年，他的故乡梁赞城，是俄国中部一个古老的小城镇。这座小城只有几座小楼，还有一些简陋的木房子。城镇的周围都是农村。巴甫洛夫的一家，就住在这座小城镇的郊区。

巴甫洛夫的父亲是一位教会区的牧师。牧师在俄国教会里，是一种较低级的职位。在偏僻的小城镇当牧师，是被当时的世人所轻视的。

那时候，俄国还处于沙皇的统治之下，俄国农村的生活很苦，牧师家里的生活也并不宽裕。巴甫洛夫的家是一个大家庭，孩子较多，他父亲的收入并不高。虽然他母亲十分勤劳能干，每天从早到晚操持着一家人的生活，但仅靠父亲挣的那点薪金，是远远不够维持一大家子的生活的。所以，他的父亲必须像一个普通农民那样，参加体力劳动。为了省钱，他父亲亲自栽种果树，在自家的菜园子里种植蔬菜。巴甫洛夫从小就跟随父亲一起劳动，养成了热爱劳动的好习惯。

巴甫洛夫小时候，非常喜欢玩一种游戏，这种游戏的名称叫九柱戏。春天来到的日子里，地面上的积雪都融化了，光秃的树枝开始发芽，春风一阵阵吹来，叫人心旷神怡。邻居的孩子们都出来了，这正是玩九柱戏的好时辰！正如现在一些女孩子喜欢跳橡皮筋、男孩子们喜欢打弹子一样，一放学就开始游戏了。巴甫洛夫那时也是一样，巴不得早些下课，好和小朋友们玩九柱戏。这天，放了学，他来到菜园后的空地上，看见小朋友们正在等着他呢。但是，要玩九柱戏，必须先削好小木块。然后把小木块放在指定的地方，人站在远处用木棍向它们打去，谁击中得多，谁就是胜利者。没有小木块，就玩不成九柱戏。巴甫洛夫想了想，一声不吭地推开自己家的院门，拿了一把切菜刀，拿了几块未成形的小木头，就坐在楼梯上使劲地削起来。他削得很是专心，手、胸脯以及嘴都在一起使劲，额头上很快就出现了一粒一粒的汗珠。他把削好的小木块整齐地排列在楼梯上，看了一会儿，又聚精会神地继续削下去……

空地上等他的小朋友们，等了一会儿不见他来，就纷纷来到他家的门口，从门缝里往里瞧。嘿！巴甫洛夫正在削木块呢。性急的就叫起来："瓦尼亚，瓦尼亚，快出来！该玩九柱戏啦!""我还没有削完呢,你们急什么!"瓦尼亚是巴甫洛夫的昵称,他说完,又埋头继续认真地削起来。"瓦尼亚,要帮忙吗?"有一个孩子问。"不用,我自己做。"他很自信地说。

小木块全部削好后,巴甫洛夫飞快地跑出家门,很快,他就跑在孩子们的前面,削好的小木块在口袋里笃笃作响。"你们不能快一点!"巴甫洛夫着急了,他在对小朋友们下着命令。"瓦尼亚,你就用右手击一击,行不行?"有个男孩说。巴甫洛夫是个左撇子,他习惯于用左手,在玩九柱戏的时候,他的左手打得很准,可算是百发百中,不少孩子既羡慕又妒忌。"你倒用左手试试看,就像我用左手一样。"巴甫洛夫对那个挑战的男孩说,同时交给他木棍:"来吧,不用客气,我叫一二你就开始。一二,落空了,你这个打手,真是个笨蛋!"周围的孩子们都快乐地笑起来。

过了一会儿,走过来几个瘦而高的少年,他们是镇上神学院的学生,比巴甫洛夫这帮孩子要大一些。他们早就风闻巴甫洛夫是玩九柱戏的能手,今天特地来验证一下,看一看是不是果真如此。俗语说:百闻不如一见。这时巴甫洛夫正挥动左手,眼睛盯着目标,棍子飞快地飞了出去,一下子击中了目标。周围立刻是一片喝彩声,大家纷纷夸奖:"果然名不虚传。"

"怎么样,我们也参加一份?"一位少年挤了上来。巴甫洛夫睁大眼睛把对方打量一番,突然发现了这位学生的口袋里有一本书,便高兴地说:"欢迎,不过先把书借给我看一看。"对方笑了笑,拿出了书,交给巴甫洛夫,巴甫洛夫也把手中的木棍交给了他。

巴甫洛夫走到一旁，翻开了书。这是一本讲人体功能的小册子，对于还未成年的儿童来说，这书是够深奥的。但是，这本书却引起了巴甫洛夫的兴趣。"为什么人的胃好比榨油机一样？""人的心脏为什么老是不停地跳动？""我什么时候知道人体的构造就好了！"巴甫洛夫这样地看着想着，完全忘记了正在进行的九柱戏。

当游戏结束的时候，太阳已经快要落山了。鲜红的晚霞染遍了西边的天空，真是美丽极了！是该回家的时候了，不然妈妈就要到处呼唤了。小朋友们纷纷各自回家去了。然而巴甫洛夫还在痴迷地看着手中的书。那少年见巴甫洛夫这样喜欢这本书，便答应他书可以带回家去看。巴甫洛夫高兴极了。他放下书，抬起头，望着那霞光万道的天空，他的眼睛闪烁着，好像从这本书里看到一个科学的新世界。

出身于牧师家庭的巴甫洛夫，从小就在梁赞的教会学校里读书，教会学校毕业后，又进入神学院学习。社会给他的安排，是继承父业，当一名牧师。但是，当时沙皇统治下的俄国，已经百孔千疮，腐败透了，巴甫洛夫亲身体会到教会学校和神学院并不能给他更多的知识，他在寻求另一条道路。他决定离开神学院，到当时俄国的京城彼得堡去上大学，攻读生理科学。这个决定，他还没有和父亲谈，他很担心会遭到父亲的反对。

一天吃晚饭时，巴甫洛夫决定把自己的想法告诉父母。

"爸爸，"巴甫洛夫说，同时拿眼睛不安地看了看身旁的母亲："我不准备在神学院读下去了，我想现在就去彼得堡上大学。"

父亲严厉地看了看儿子,把手中的茶杯放到桌子上:"为什么这样着急呢?先念完神学院不可以吗?"

"我不能浪费时间了,爸爸,有很多东西我需要知道。"巴甫洛夫低声地说,可以听出他的话是经过深思熟虑的。

父亲拿起茶杯喝了一口茶,慢条斯理地问道;"你要知道什么呢?"

"我要了解人体的构造。"

"想当个医生是吗?"父亲对儿子的回答没有感到意外,以为儿子将来想行医。

"不!"儿子的这一次回答使父亲有点吃惊。

"那么,你为什么要了解人体的构造呢?如果你不想做个医生的话。"父亲继续问道。

"为了造福人类。"

这句话是多么平凡而深刻啊!父亲被儿子认真的精神感动了,热情地支持巴甫洛夫的志愿。几天之后,巴甫洛夫就去彼得堡上大学了。在那里,他勤奋地研究生理学,终于成为世界著名的生理学家。